周蓓 主編

『民國專題史』叢書

(日)小野清一郎 著 劉正杰 譯

河南人民出版社

法律思想史概説

本書系對自人類原始社會到日本明治維新以後的各國不同時期法律思想的歷史考察，認爲法律思想史屬于精神文化史的一方面，因而注重通過精神文化的層面——如藝術、宗教等

圖書在版編目(CIP)數據

法律思想史概説 / (日)小野清一郎著；劉正杰譯．—
鄭州：河南人民出版社，2016．4(2017．1重印)
(民國專題史叢書 / 周蓓主編)
ISBN 978-7-215-10057-2

Ⅰ．①法… Ⅱ．①小… ②劉… Ⅲ．①法律－思想史－
世界 Ⅳ．①D909.1

中國版本圖書館CIP數據核字(2016)第079725號

河南人民出版社出版發行
(地址：鄭州市經五路66號 郵政編碼：450002 電話：65788063)
新華書店經銷 河南新華印刷集團有限公司印刷
開本 710毫米×1000毫米 1/16 印張 7.5
字數 110千字
2016年4月第1版 2017年1月第3次印刷

定價：48.00圓

出版前言

中國現代學術體系是在晚清西學東漸的大潮中逐步形成的。至民國初建，中央政治權威進一步分散和削弱，加之新文化運動帶給國人思想上的空前解放，新學的啓蒙，新知識分子的産生，民國學術如草長鶯飛，進入一個自由而蓬勃的時代。中國傳統學科乃中國學術之根基與菁華所在，民國學人采用『取今復古，别立新宗』之方法，引入西方的學術觀念，積極改造，使史學、文學等學科向現代學術方向轉型。此外，大力推介西方社會科學的新學科和自然科學，在學習、借鑒乃至移植西方現代學術話語和研究範式的過程中，逐漸建立中國現代學科，使中國的學科門類迅速擴展。一時間，新舊更迭，中西交流，百花齊放，萬壑争流，開創了中國現代學術的源頭。

伴隨知識轉型和研究範式轉换而來的，還有學術著作撰寫方式的創新。中國古代的著作向來以單篇流傳，經後人整理匯編後，方以成册成集的面目出現并持續傳播。直到十九世紀末，東西方的歷史編撰體裁不外乎多卷本的編年體、紀傳體和紀事本末體等，章節體的出現標志着近代西方學術規範的産生和新史學的興起。章節體具有依時間順序，按章節編排；因事立題，分篇綜論；既分門别類，又綜合通貫的特點。以章、節搭建起論述之框架，結構分明，邏輯清晰，較傳統的撰寫體裁容量大、系統性强。它的傳入，使中國現代學術體系從内容到形式被納入了全球化的軌道。民國時期專題史的研究、譯介、編纂、出版恰恰是在這樣的背景下欣欣而發，是學術的實驗場，也是歷史的記録儀。編選『民國專題史』叢書的初衷正是爲了從一個側面展示中國學術從傳統向現代過渡的歷史進程。

專題史是對一個學科歷史的總結，是學科入門的必備和學科研究的基礎，也是對一個時代艱深新鋭問題的解答，是學術研究的高點。民國專題史著作中，既包含通論某一學科全部或一時代（區域、國别）的變化過程的，又囊括對一時代或一問題作特殊研究的，還有少部分是對某一專題的史料進行收集的。原創與翻譯并重，翻譯的底本大多選擇該學科的代表著作或歐美大學普及教本，兼顧權威性和流行性，其中日本學者的論著占據了相當比重。日本與中國同屬東亞儒家文化圈，他們在接納西方學術思想和研究模式時，已作了某種消化與調適，從思維轉換的角度看，更便于中國借鑒和利用，他們的著作因而被時人廣泛引進。

與當代學術研究日趨專業化、專門化、專家化的『窄化』道路迥乎不同的是，中國傳統學術崇尚『學問主通不主專，貴通人不尚專家』的通識型治學門徑，處于過渡轉型期的民國學術在不同程度上保留了這種特徵。民國學術大師諸學科貫通一脉，上千年縱横捭闔之功力自不待冗言，外交家著倫理政治史、文學家著哲學史、化學家著戰争史等亦不乏其人，民國專題史研究呈現出開放、融通、跨界撰述的特點。與此同時必須看到，自晚清以來，中國的命運就在外侮屢犯、内亂頻仍的窘境中跌宕彷徨，民族存亡仿若命懸一綫。這股以創建學科、總結經驗、解決問題爲指歸的專題史出版風潮背後，包裹着民國學人企望以西學爲工具拯民族于衰微的探索精神，及以學術救亡的愛國之心。梁任公曾言：『史學者，學問之最博大而最切要者也，國民之明鏡也，愛國心之源泉也。』這種位卑未敢忘憂國的歷史使命感和國民意識是今人無法漠視和遺忘的。

『民國專題史』叢書收録的範圍包括現代各個學科，不僅限于人文社會科學，學科分類以《民國總書目》的分科爲標準，計有哲學、宗教、社會、政治、法律、軍事、經濟、文化、藝術、教育、語言文字、中國文學、外國文學、中國歷史、西方史、自然科學、醫學、工業、交通共19個學科門類。本叢書分輯整理出版，内不分科，單本發行，方便讀者按需索驥。既可作爲大專院校圖書館、學術研究機構館藏之必備資源，也可滿足個人研讀或興趣之收藏。

與目前市場已有的一些專題史叢書相比，『民國專題史』叢書具有規模大、學科全、選本精、原版影印的特點。本叢書選目首重作者的首創、權威和著作影響力，尤其注重選本的稀見性。所謂稀見，即建國後没有再版，且多數圖書館没有收藏，或即便有收藏，也是歸于非公開的珍本之列予以保存，普通讀者難以借閱。部分圖書雖有電子版，但作爲學術研究的經典原著讀本，紙質版本更利于記憶和研究之用。本叢書精揀版本最早、品相最佳的原版圖書作爲底本，因而還具有很高的版本收藏價值。

『民國專題史』的著作是民國學者對于那個時代諸問題之探究，往往有獨到之處，無論其資料、觀點短長得失如何，要之在中國現代學術史的構建與發展進程中，自有其開宗立論之地位。

序言

本書原爲日本評論社之「社會經濟體系」而倉卒提筆，頗涉於廣汎，恐過於廣汎之歷史考察，不過爲輪廓之序述而已。將此而刊諸單行本，余實頗覺猶疑。果屬可能，甚欲將其加以增訂，然後付梓。惟若加以充分之增訂，則恐專力而爲之，至少尙須四五年之時間。不，正確言之，恐盡余一生之力亦不能達於完善之境。然余現因羈於他事，到底未能專力於斯途，因此遂不得不仍將本書之舊稿付梓；缺漏之處，切望讀者諒恕。

論其實，卽就寫此不滿百五十頁（原書百三十頁）之法律思想史概說，余已頗費苦心。抑所謂「法律思想史」者何也，此亦決非容易明瞭之事實。在余所知之範圍，迄乎今日之內外文獻，實尙未見純粹「法律思想史」之書物刊行。不過余對於「法律思想史」爲一種學問的考察之可能事實，前已持有確切之信仰。今乃建立可試行此確切信仰之系統，而處理材料者也。似此則余之「法律思想史」不論其優劣如何，可謂爲從來文獻中所無之述作，亦未可知。固然，余現在所考察之材料，就中有關係之學問業績，多仰給於法制史，法理學史，政治史，經濟史等；尤其卷末所揭載之參考書，爲本書草就借助最多之册籍。余對於該書之著者等，實表極深之敬意。若謂余之著述，有何等可採之處，則恐不過單就所謂法律思想史應採取如何之對象，提示如何之見解而已。

法律思想史者，依余之見解，固非法制史之意義，亦非法理學史之意義；實應爲法律思想之歷史的考察也。蓋法制史，取材於法律制度之歷史的發達，法理學史，取材於法理學說之歷史的變遷，對此則法律思想史應以在法律制度之形成與進化中之動的「思想」，在法理學說之構成與隆替上，多數學者所表現之思想之發展，爲考察之對象。蓋法律爲人類在社會關於政治經濟，及其他可規律生活關係規範形成之一種獨自之精神文化也。在法律制度之形成，及與此相關之法理學考察之發展，人類常被動於某一思想，或求將某一思想實現。專向此處觀察，而求序述其歷史事實時，卽可信法律思想史之成立，爲屬可能。

法律思想史，乃精神文化史之一方面，爲經驗之文化科學而屬於歷史學之範疇。惟求認識一切文化事實時，則其物質方面，卽認識技術的經濟的之文化，亦不可不以經驗資料，選擇關係於某種文化價值，其意義卽須有經驗資料之超經驗理解也。其精神方面，例如藝術，宗教，而至於法律，則尙更須有超經驗之理解。然雖云如何選擇價値關係，結局亦不外爲認識經驗事實。對此而由施以價値之判斷，非在描寫一個文化理想之意義時，卽爲經驗之文化科學也。

人類之生活，有其物質方面與精神方面；其文化，亦有精神文化與物質文化，此乃不能否認之事實。且兩者之間，存有互爲制約之因果關係，亦可無疑。卽因物質之運動，而生出精神之變化；同時以精神活動之原因，而生出物質生活之變化，乃爲經驗上所到底不能否認者。然此若僅由片面的而理解之，僅視物質爲眞實之物，精神者乃由物質所派生，或不過爲物質之作用及性質之唯物論。尤其只以人類文化全體爲經濟生活關係作用之經濟唯物主義，則爲非經驗的獨斷者也。今日恐尙有人懷疑人之精神生活，不能離開物質之一定組織而存在。且亦恐尙有否認人類社會之經濟生活關係，影響於精神文化形態之事實。然正與腦髓解剖學之研究，無排除倫理學之必要相同。由關於經濟生活社會科學之研究，乃不能沒卻精神文化之獨自意義。如精神文化已被付結其條件於經濟生產關係，則經濟文化亦被制約於精神文化，似此之事實，殆可無俟吾人之再述者也。特在行經濟唯物主義之現代。——信仰經濟唯物主義者，決非僅爲馬克斯之信徒。舉凡一切，殆均於無意識中立腳於經濟唯物主義，——文化史之考察，無論比諸唯物論或唯心論，均爲比較解放之公平經濟科學，信有反省之必要，而一言之也。

昭和三年十一月　小野清一郎

目次

法律思想史概說

第一章　原始文化與法律思想

第一節　原始民族與文化

本章所謂原始文化者，乃指今日之文化人類尚未入其歷史文化生活以前之文化，及今日尚殘存之未開化民族，卽所謂原始民族或自然民族所有之文化之謂也。因兩者有重要之共通點，故在人類學，民族心理學等中，均同時採納。卽在法律學方面，如敲拉(Kohler)者，亦根據普遍法律史之見解，將人類學的考察，與文化史的考察互相結合，以闡明未開化民族之法律現象，及今日文化人類在原始生活時代之法律現象。

在原始民族或自然民族中，並非全無何等文化之可言。蓋卽在所謂自然民族之生活，亦有其或種之文化存焉。惟其文化，則與歷史文化民族之文化，頗各異其趣耳。故對文化民族而言，則缺乏吾人現在所謂「文化」之意義者，卽可呼之爲自然民族也。然又須用何種標準，以區別自然民族與文化民族乎？此則恐唯以文字之有無，爲其最簡便之形式標準。而敲拉則謂文字之外，尙須以財產之發達，僧侶階級之發生，與夫國家之組織，爲分別自然民族與文化民族之要件。

卽在原始民族，亦有其各不相同之個性，與夫文化之特色。惟吾人對此，則可無須將其一一要求了解；寧可只由普遍化之社會學方法，以求明悉其共通之輪廓。固然其經驗之材料，須俟諸關於各民族之觀察與記述，非徒恃空想之一般化者所能爲功。卽其認識之歸宿，比之謂爲某種特定原始民族之文化，亦寧可謂研究其在一般性方面，文化民族之文化，對於原始民族所有之文化，有如何之差異，且有如何聯絡之點之爲愈也。以下係余（著者）根據從來在此方的學者之研究，尤其是根據敲拉比較法學研究之結果，傍則參考溫德(Wilhelm Wundt)杜爾耿(Emile Durkheim)及其他學者。試由關係於法律思想方面，而述其在原始民族之文化者也。

第二節 圖騰主義之法律思想

原始民族之社會生活，所謂法律宗教與道德等之文化領域，尚未判然分開。社會生活之秩序，既無法律，又缺道德，僅受一種習慣之支配，其意識根據亦甚不分明。惟宗教表象，則比較早已發達。此卽成爲與社會生活秩序上，有重大關係之物。進而言之，則可謂當時之法律思想，卽宗教思想也。

卽就宗教而論，原始民族之宗教，亦不易達到有人格之神佛概念，惟以自然崇拜及精靈崇拜爲出發點而已。然人類僅由其雜然之印象，漠然之恐怖，或快樂之感情，而創造一定之宗教觀念，已屬一種文化之發展。且雖在原始民族最粗雜之宗教觀念，亦必非僅爲一種單純之物，其中定藏有種種複雜之理論，欲求發現其意義，則頗屬困難。惟就原始民族文化中所有共同之形式，則可以得一由關於他一民族之認識，以推測此一民族不明瞭處之便宜焉。且原始民族之宗教觀念，流行最廣，因其與社會生活以深切之影響。故將圖騰(totem)泰蒲(tabu)及祖先祭祀等，均舉而論之。

圖騰主義(totemism)，最初發現於美洲之土人中，及後在其他未開化之民族，亦有所發現。且由在歷史文化民族之宗教，尚存有圖騰痕跡之事實。可信圖騰在原始民族，爲一種流行極廣之宗教形式也。關於圖騰主義之詳細事實，可讓諸他書之研究。惟其根本觀念，則爲人類之某種集團。崇拜某種動物(間亦有崇拜植物者)；且此種被崇拜之物，卽視爲其集團之祖先，而用爲其集團之表徵也。然其何以發生似此之思想，則極有耐人研究之處。總之，不明人類與動物之區別，而相信其間有精靈交通作用，實爲胚胎於原始民族之一般思想。如某集團以鷹爲祖先，某集團以狼爲祖先之想像，均係基於錯覺之空想，殊可無疑。然此並非現在所當討究之問題。現在所當討究者，猶在此奇異之宗教觀念，如何支配原始民族社會生活之法律思想也。

圖騰之表象，在原始民族有結合其血統集團之能力。蓋圖騰非僅爲其集團外面之表徵與記號，屬於圖騰集團者，其內部且宿有動物之精靈。故其相互間亦定有深切之精神的聯絡，由圖騰卽可意識其集團之原來意義，由是圖騰遂將原始之集團生活加以保障。故在圖騰時代之人類生活，圖騰集團實爲社會生活之最重要者。其血族之集團，大概爲母系組織，因母子之關係聯絡而行者。婚姻則由此一圖騰，與彼一圖騰間，用集團的而行，卽所謂集團婚者也。由圖騰間之婚姻，兩圖騰之精靈，想亦有行其神祕之接觸，同時其間之交際遂亦隨之而生，而漸將和平社會生活之範圍擴大。

原始民族之集團，其內部結合，有極度之强力。惟其結合則必屬於宗教的與精神的之結合，斷非近人所想像之利益的與目的的；尤更屬一種本能之結合，本質之結合。蓋圖騰集團，在圖騰時代，殆爲唯一之社會生活，支配人類生活之全體，缺乏個人之自覺，人人惟集團共信，集團共念，集團共勞働，集團共戰爭，而亦以集團共享樂。

由現在觀之，雖如何奇異之集團婚形式，在當時之精神生活，爲一種極自然之事實，可無疑義。蓋集團婚者，乃屬於一家族或一集團之多數男子，與屬於他家族或他集團之多數女子，有婚姻關係之謂也。惟雖曰婚姻，亦必非經營共同生活。屬於某一集團之子女，無論何時，必均在其出生之集團中，繼續生活。然其集團因由母系聯絡，父子之關係，極不分明。且子女屬於其母之集團，故其所受最親切保護之男子，亦決非其父，而爲其母之兄弟，卽舅父之類。若乎掠奪婚及買賣婚，則爲比較進化之婚姻形式，乃在原始民族中，由個人發生力之自覺而生者。此卽爲推移於父權組織之原因也。

圖騰時代之財產法，爲集團共產制，亦由當時之集團生活而可得理解。所謂個人所有權或財產權概念之發生，則當時之集團生活，猶極爲緊密，人人爲集團而勞動。集團生產之結果，亦由屬於集團全部之人，共同消費。蓋勞動所得之收穫，屬於勞動者個人之概念，乃近世概念之傾向。在當時一切事物，均屬於集團之觀念。集團共產制，實爲當然之事實。僅如武器或裝身具等，因使用上有個人性質之必要，故其個人所有權，比較早被認識。因以農業爲主要目的，始佔有一定之土地時，亦仍爲共產形式之所有。而土地共產制度，爲旣入歷史時代以後，尙維持甚久之事實，則當在後述之。

原始法律與泰蒲之關係，亦多有可討究之處。泰蒲原爲波倫尼西亞（Polynesia）語，與「圖騰」一語同變爲文明語，遂更爲通俗。日本之穗積陳重博士，曾加以熱心之研究。其意義原爲不可侵犯某一定之事物，若加侵犯，則必有災害降臨；乃由尙未能十分了解神聖與不淨之意義，基於一種忌諱之行爲規範也。此不特持宗教觀念爲之保障，由其屢屢隨有實現之制裁而觀之，實可視爲一種法律形式之規範。依溫德之說，泰蒲之起源，乃由不可殺害或烹食圖騰動物之圖騰主義的信仰而來。惟泰蒲在圖騰主義銷滅後，尙流行甚久，對於法律制度之發達，有重大之影響。此爲穗積陳重博士所已詳加討究者也。

圖騰時代之人類生活，尙隸屬於自然，被其威力所支配。當時對於自然威力，懷漠然之恐怖。且日常生活，亦爲慵懶倦怠，決非光明。惟其社會生活，則有相當之和平與秩序，亦可推想。蓋集團與集團間，雖不時有爭鬭事件發生，然其集團之內部，則有家族之親愛，繫有不可思議的圖騰精靈之家族。由其精神上與肉體上之協力合作，遂得渡其安穩之生活焉。

第三節　祖先祭祀之法律思想

圖騰集團，雖爲家族的，然並非如今日家族之細小，乃一包括多數同族者之血族集團。此爲血族親近者，生存防禦上所必要之事實。惟在此集團緊密之反面，個人全被吸收於集團之內。然個人性格之特長逐漸表現，而基於個人性格特長之社交本能，亦同時顯露。由是一方社會生活向外擴張，他方則圖騰集團逐漸解體，逐漸細小，而發達比較親密之家族生活。且因超家族的社會生活之擴張，此統治之權力者，卽酋長亦因之而生。而國家生活，由此遂表現其萌芽狀態。要而言之，卽以圖騰集團爲出發點，一方分歧爲較小之家族；他方則由圖騰間之婚姻，早已準備之大氏族或種族之結合，在權力的統治下而發達。

在此進化過程中，思想方面之重要者，厥爲圖騰信仰衰退後，祖先祭祀遂代之而興。由崇拜動物移至崇拜人類，乃人類文化階段上已進一步之明證。蓋不特能區別人類與動物，對於認識上之進步，同時亦近於有人格自覺之意義。故在文化階段上，祖先祭祀時代，實次於圖騰時代；且爲由自然民族時期，走入古代民族時期之中間媒介。在此時期，祖先祭祀之宗教觀念，爲社會生活及法律思想之中心，亦甚明顯。

個性之自覺，尤其是「力」之自覺，打破圖騰時代鈍性和平生活之沉寂，而導於新的文化之創造。然此多屬於男子，尤其以喜悅冒險活動之青年男子，爲其發動之要素。蓋多數民族所共有之成年祝賀式(Jünglingsweihe)，實與青年以絕大之興奮。青年經過劇烈之試練，遂不得不將其「力」完全表現；且常舉行青年之團結，以經營新生活。故因其「力」之自覺而生出種種之冒險掠奪行爲，乃一極自然之事實也。

掠奪婚之目的物，第一爲婦女。故掠奪婚，實爲有「力」的自覺之青年男子，由其冒險行爲而生之制度，且必爲當時青年男子所最可誇耀之男子事業。故迄乎今日，圖騰與圖騰間安穩之集團婚，已全被破壞。被掠奪之婦女心理，亦恐爲青年男子勇敢之事業所吸引。故在掠奪之青年，與被掠奪之婦女間，成立一種精神上之結合，亦決非不可由推想而得之事實。由是因男子之力而成之掠奪婚，遂將從來之母系家族破壞，而一變爲父系的，成立父權之家族制。然此爲僅由男子之力而成，女子有受某種壓迫之意義則可無疑。若謂爲男子者，一時有支配權力之後，遂將女子奴隸化，而流爲一夫多妻之風，則又爲人類由集團婚狀態，至現在一夫一妻制度間，進化過程之第一步也。

人類之力之自覺在一面已生出掠奪婚及父權的家族制度；與此同時者，則在家族之上，更現出種族之國家，亦爲必然之趨勢。蓋超家族的社會生活，在圖騰時代，已由圖騰間之集團婚姻而擴張。因酋長(Häuptling)之發生，遂又現出政治上之統治。酋長之發生，亦決非單由暴力之威壓，寧可謂對於力之强大者，而基礎於民衆之信賴與敬仰。不錯，在一種族征服他一種族時，被征服者常爲征服者所威壓。然此時不屬於征服者之種族，則亦不屬於征服者種族之法律團體。其生存也，不過被認爲一種奴隸，惟不久則將逐漸和緩而成爲階級。及後則種族團體之系統亦漸次失去，而至包容於地域的國家之內。

種族的國家，乃由血統接近之氏族統治所發達而成，終而形成全種族的國家。其所利用之思想根據，爲祖先崇拜之宗教觀念。祖先崇拜，大概發生於圖騰集團解體後，因紀念某家長或族長之力，將其容貌刻成木偶，或祭祀其頭骨。故種族的國家發達，同時且祭祀其種族祖先者，乃爲强固其精神上之團結也。此時勿論其祖先爲事實上之祖先，抑非事實上之祖先，均不成問題。若有傳說可依據，則無有不可。故其祖先漸被神化，統治種族國家之王，有祭祀其種族祖先之特權。僅此祭祀權，卽成爲政治統治權之精神的根據。

王或族長統率兵力，保障社會生活之安全；且依裁判作用，行其正義於民間。此爲在固有意義上，有法律生活之開始。裁判之最原始者，爲家族或氏族間所行之仲裁裁判。蓋家族或氏族間，有不絕之爭鬭與復仇事件發生。對於漸次成立之國家社會，常有妨礙其生活之和平與秩序。故將此而加以仲裁之處理，卽爲王或族長之最大任務。然決非僅由王或族長單獨行之，必依有力者之各族長或家長之助言評議而行。卽各家長族長，對於各家族氏族內部之違反秩序者，行使裁判時，亦必依多數族人之衆議。

原始民族，爲鞏固其種族之團結，族長必須有强大之權力。此乃基於祭祀之宗教觀念，前已述之。然爲使其權力安全起見，則常有用泰蒲之宗教的法律的制度。卽以族長爲神聖不可侵犯，禁止常人之接觸與親近；卽窺視或單呼其名者，亦必蒙神罰。此不特爲保護族長生命與身體之安全，且因族長有制定泰蒲之權，以某地或某物爲泰蒲時，由其不可被人侵犯，遂將其財產上之安全亦已加以保障。由是泰蒲遂爲維持强大權力上重要之社會機構。

祖先祭祀時代之父權的族制組織，乃以男子之力爲中心，與圖騰時代之母系的集團組織，以女子之天然之愛爲中心者，完全不同。蓋父權的家族，較圖騰集團爲細小，且屬個人的。惟與現在之家族相較，則又不失爲一大家族。多數之同族者，生活於一家長統治之下，財產屬於氏族或家族，由家長或族長管理之。族長權傳之男系之男子，女子不與焉。男子中，又以傳之長男者爲普通，惟有時亦有傳之人望較著者，間亦有傳之幼子者。

因財產發達之故，財產之交通亦漸次隨之發達。且對於不法侵害之賠償，已依仲裁之裁判逐漸進步。故如所謂交換，買賣，借貸等之契約關係，亦隨之而漸次發達。惟交換及買賣，最初均爲現物之交易。債權交易之最古者，恐爲借貸行爲。借貸亦以宗教觀念爲保障，卽債務者，若不履行債務時，必受神罰。故契約之形式，亦常採用宗教之咒語。且債權之效力頗强，遇不履行時，債權者對債務者之一身，有自由處置之權。

宗教觀念，且影響及於法律生活之技術。故在裁判手續上，是非曲直，常有委諸神之判斷者，卽所謂神判者也。惟間亦有用熱湯，熱鐵，或水等，以試被告；或由原告與被告相決鬬，能經受其試練，或決鬬而得勝者，卽視爲理直。此爲在有史以後，尙行之甚久之裁判方法。

第二章　古代文化與法律思想

第一節　古代文化之發生

人類在四千年乃至五千年前，經過長期之原始生活後，卽生出所謂經營歷史文化生活之文化民族，此爲人類進化史中一種顯著之事實。巴比倫、埃及、印度、及中國等，卽爲此中之先驅者。惟對於文化生活之特徵，敲拉舉出文字與財產之發達，僧侶階級之發生與夫國家之組織等，前章已有述之，誠爲一種意義深奧之觀察方法。蓋文字者，乃與人類精神生活以合理性之技術條件；而財產發達，則人類在每日衣食之外，可從事於文化的勞作，與以一種物質之基礎。然古代文化，其內容之最足徵表者，乃在有系統之宗教之發達，與夫鞏固之國家組織之確立。蓋兩者在古代文化中，尙有極密接之關係，迨後始逐漸表示分化而行之傾向。

宗教信仰，爲原始社會中重要之生活原理。圖騰，泰蒲，及祖先祭祀等，如何支配原始民族之生活，尤其是支配社會方面法律方面之生活，在前章早已述之。蓋文化民族之古代生活，其宗教思想已成立合理之組織。同時且生出專爲奉祀宗教之僧侶階級，經營古代社會統治之重要作用。惟在他一方面，則社會統治之權力，生出非宗教的，而基礎於武力及財力之世俗的國王，行使統治權之現象。然當初卽國王權力之根源，亦仍須仰給於宗教觀念。迨後始逐漸脫離宗教，純粹發達爲世俗之社會統治。其主要之背景，爲當時對外生活及經濟生活之發展。而在固有意義上之「法律，」卽不外專指在此世俗權力統治下之社會規律也。

在法律發達之初期，其思想之基礎，依然爲宗教觀念。國王雖行立法與裁判，然立法僅視爲傳達神之意思，裁判亦僅視爲依於神託，或竟有視國王爲神或神之後裔者。雖然，凡一國家之組織，又非僅由宗教觀念之支配，其內部之社會組織，亦以族長或家長之父權的統治爲中心。惟由祖先祭祀之觀念，普通亦帶有宗教色彩而已。

文化進步，宗教、國家與法律，遂逐漸分離。宗教方面，發生如佛教，基督教，離國家統治而獨立之宗教；故國家與法律亦脫離宗教表象之囚牢，而變爲世俗的，即求其基礎於武力財力及德力者。且此時國家之社會統治頗强，國家之威力，尤其依公刑罰之秩序的維持，已成爲嚴峻之工具。換言之，即此時之「法律」，已達到以威力爲根據。蓋古代之文化，乃一以威力統治爲中心之男性文化，不僅國家之權力統治發達，即氏族與家族，亦被統治於族長家長權力之下。財產雖屬於氏族或家族，然由族長家長管理，其管理權則隨族長或家長之地位而接續承繼，惟均爲男系之承繼，女子多被排斥於承繼權之外。且在家族內立於家長支配之下，婚姻上立於丈夫支配之下，無論何時，均有威力思想之表現。由此即可證明人類力强文化生活之步驟。

然人類之文化生活，決非單由威力所能創造。高尚之文化，實僅由個人自由之精神力所創造者。由是個人之智力與道德力，爲創造高級文化之要素，遂逐漸置重。尤其在古代文化中，高唱個人精神力之要素者，爲脫離國家統治而獨立之宗教，卽佛教與基督教是也。中國與希臘之哲學，則已脫離宗教色彩，純粹致力於道德之闡明。因帶有宗教與哲學之道德發達，法律遂亦不能不受其影響，而生出法律倫理化之現象。如是由宗教的法律，進爲威力的法律；由威力的法律，進爲倫理的法律，乃古代文化中，法律思想之進化過程。且在某種意義上，亦卽爲達到今日全法律文化史的發展之動機。

以上所述，乃概觀古代文化與法律思想之關係。若乎歷史時代之文化，則依民族而各有其個性之特徵。若不爲民族之個性記述，斷難徹底認識。故吾人更不可不將各主要文化民族之法律思想，個別觀察之。

第二節　巴比倫之法律思想

巴比倫與埃及，均爲世界最古之文化民族，尤以其法律文化，更爲世界法律史之當頭飾物。一九〇一年波斯舊都斯沙(Susa)所發現之「哈姆姆拉比」(Hammurabi）法典，（紀年前二千二百年間，君臨巴比倫之哈姆姆拉比王，將其立法刻於石柱上之物。）乃世界有名之最古法典。卽在此法典以前，其法律生活已有顯著之發達，亦可由土板之古記錄上考得之，且似已有成文法典。然無論如何，根據「哈姆姆拉比」法典之規定，已可發現當日巴比倫之法律生活，爲如何之狀態。

石柱上部，有浮彫之像，卽由太陽神沙馬斯（Samas）傳授法典與巴比倫王哈姆姆拉比之圖，亦爲法典威權，寓於神之威權，一種宗教思想之表現。然觀其前後各文，則其威權，又不僅由宗教之表現，且盛稱王自身之威力與功德，記有「制法律、定正義，以增進人民之幸福」。由此觀之，國王之威權，雖結局仍歸於神之命令，然法律之制定，則可想爲王自身之行爲。此爲法律思想由宗教的基礎，推移於純粹世俗的國家法律之過渡現象，乃一可注意之事也。

由宗教的而推移於世俗的，不僅爲關於國王之立法權，卽在法律制度之各方面，亦莫不如是。如裁判在古代有寺院裁判與世俗裁判，至哈姆姆拉比王朝時代，則一切均爲國家法官之責任。手續方面，用人證、物證、書證等合理之證據，惟亦尙有用如宣誓神判（卽躍入聖河以驗其是否被溺）等宗教之神祕方法者。

「哈姆姆拉比」法典之公刑罰之犯罪頗彡，尤以死刑相威脅者爲特甚。如竊取寺院宮殿之財物者，作盜賊行爲而被逮捕者，無論何時，均被處以死刑。遇有火災而竊取罹害者家中之財物，則將其投之火中。惟對於傷害罪，則傷人目者傷其目，折人骨者折其骨。卽執行所謂他利亞（talio）之刑，雖已致死，亦不過納銀半米那（mena）（巴比倫舊幣名，）比財產犯罪之刑猶覺較輕。畢竟當時之社會對於一般尊重生命身體之觀念尙薄，且恐尙有任被害者之自行復讎。其刑罰，尤其是死刑，似依公衆之意見執行，刑事責任，尙有及於家族者。如毆打婦人致死，則將其女處以死刑。此爲對於個人責任之原則，尙未充分認識之明證。

巴比倫之經濟生活，以農業爲主，對於土地已確認其所有權，且行轉賣與租賃之事實，商業亦已發達，法典中亦有關於商務交易之法規。一般私法之交易，尤其是契約之法理，由巴比倫人已可了解，似已用證書而行種種複雜之交易，此則與羅馬法頗相類似。債權者已被禁止用私力執行，必須向法庭起訴。惟爲債權之故，債務者尚有將其家族或奴隸轉質與債權者之行爲，即允許人的執行者也。

巴比倫之家族制度，爲明確之父權制。古代時亦承認一夫多妻，惟至「哈姆姆拉比」法典，則已以一夫一妻爲原則。正妻無子時，可許納妾。惟以妻入嫁時所偕來之侍婢，即爲其夫之妾者，爲普通習慣。且無子之妻，可准與離婚。在「哈姆姆拉比」法典上，則又有不與妻互行契約交換者，不能成爲正妻之規定。婚姻時，男子須向女父繳納求婚費，此即爲買賣婚之形式。惟女子亦可由父家攜帶嫁資。父之遺產，由兄弟平均分配，女子無分配之權。然遇爲父者，尚未與其女以嫁資而已死去時，則可與男子共享同等分配之權利。且在法定承繼權之外，依贈與之證書，亦可將財產之一部，遺贈與某子。凡此種種，均可證明巴比倫之法律，已帶有近世之色彩。

第三節　埃及之法律思想

埃及之法律與道德，由希臘羅馬爲媒介，而影響及於歐洲之法律文化。蓋埃及之文化，多存有原始文化之痕跡，特其法律文化，則殆已表現近代之思想。

埃及之法律思想，大體上亦未脫離宗教思想之支配。最高神爲太陽神拉，此外尙有多數之自然崇拜與動物崇拜，原始之宗教色彩頗顯著。（殺害崇拜對象之物者，被處以極刑。）埃及國王之威力，依金字塔之建築物，殆卽絕可想像。蓋國王已被視爲宗教的神聖的最高神之後裔也。惟在其立法思想之發達，則國王之行動，雖細微之處，亦有法律規定。且埃及國民分歧爲各種階級，從事各種職業，此外則有多數之奴隸，被奴畜於各階級國民之下。

埃及之經濟生活，以農業爲中心。因土地肥沃，消費借貸遂發達高價之利息。惟社會之倫理思想已發達，爲保護債務者之經濟地位，已制定最高利率爲三成，利息不能超過原本二倍以上之制限。其他則社會立法之可付以名目者亦甚多，更富有近代之色彩。惟其中可特別令人注意者，猶在私生活上女子之地位，大體與男子相同，已確認其完全之能力。卽奴隸之待遇，亦已非無人道之待遇，此則以受後期倫理理想發達之影響爲多也。

第四節　猶太之法律思想

猶太之法律生活，亦以宗教思想爲基礎。蓋摩西（Moses）之立法，乃基於神之啓示，爲以色列（Israel）國民所遵奉之宗教法律，同時亦卽爲世俗之法律也。其內容受有比巴倫與埃及文化之影響，亦爲反映猶太人所特有之宗教的道德的感情之物。

猶太人在其宗教思想上，發達一神教之信仰，排斥其他一切神話與神神之崇拜。以色列國王，爲祭祀耶和華（Jehovah）之最高神官。依神之啓示，而施行其一切政治，卽行所謂典型之宗教政治。猶太一神教之宗教觀念，實足表徵其國民統一力強大發展之理想。卽其立法，亦根據於國民之統一，而求保護一切國民生活與幸福之動機。故猶太人，實已有超越之社會倫理之感情，利息之禁止，卽爲其中之一種表現。惟猶太人又決非世界主義(cosmopolitanism)的人道主義者，因其被局限於猶太之國民，故寧可謂爲極端之國民主義者。而克服此狹隘之國民主義，則又爲後來之基督教。

猶太之法律思想，雖富有超越之宗教文化與社會倫理，然在大體上，古代之色彩尙屬濃厚，尤以奴隸之存在與婦女之買賣爲更顯著，卽復讎之行爲，亦尙爲一般社會所承認。不過僅依他利亞之主義，傷目者償以目，傷齒者償以齒，而加以限制，且旣入亞遮盧(asyle)（逃遁之邑）者，則可免去一切不正當之復讎而已。

第五節　希臘之法律思想

希臘所有藝術與哲學之文化，均生育於其都市小國家之內。蓋希臘爲有史以前，由亞細亞西部移住而來之亞利安(Aryan)人種之一部，誠可無疑。在半島中之生活，乃彼等成爲偉大之藝術的與哲學的國民之主要原因。其宗教爲富有詩的空想之神話體系。惟其神均爲人類的英雄的，則較諸埃及神獸之信仰，有絕大之差異。

希臘之國家統治，最初亦以神之祭祀爲中心。迨至市民之智識教育漸高，宗教思想之權威旁落時，對於傳統之法律與道德，遂起懷疑，而發生欲由哲學的思索而解決之機運。詭辯派（sophists）即代表此機運，而導於法理的倫理的思維之動機。本來對於實踐哲學的問題之思索，有兩種可能之途徑：一即否認對於正義或善之客觀的基準之存在，詭辯派即立於此主觀主義之立場；二即相信正義或善之客觀的思維之可能，蘇格拉底（Socrates）亞里士多德（Aristotle），柏拉圖（Plato）之哲學，即屬於此派之傾向。然此對立之狀態，又不僅爲當時法律思想之二大潮流，且爲尙存在於今日之思想的對立。

詭辯派之主觀主義，以感覺的人類，爲萬事之尺度；國家與法律，不外爲威力之現象。此則在當時之啟蒙思潮中，有極大之勢力。惟論其及於後世之影響，則萬不如蘇格拉底及屬於其系統之理想主義的客觀主義。蓋蘇格拉底之客觀的正義，乃從屬於實證法律，極為明顯。依彼之說，則國家之立法，卽為法律；遵奉國家之法律，卽為正義。在國家立法以上不文之神之立法，為關於倫理之物，不屬於法律領域。惟應服從國家法律之理由，則非由於自明，而為思維之結果。蓋卽支配者之條件為自制，支配之目的，為市民之幸福，而最完善之支配，則為依於法律之支配也。

柏拉圖之哲學，最可表現希臘之藝術的理想主義。彼將正義與德之概念相結合，以人為思索之中心。惟其人則為藝術上可想像之理想人，具有美善高尙的德之人。且其德之一面，卽為正義，此乃倫理學與法理學兩相連絡之點也。（惟此為局限於希臘貴族之市民，則不能否認。）旣限以德為中心，則其正義觀依國家之概念，為不能完盡之物，此亦恐為柏氏發現社會概念淵源之原因。柏氏之正義之內容，其理論體系，尙未十分明確。惟借描寫理想之國家而表現，其所理想之國家，則又爲依於法律支配，基於平等原則之國家。然此決非劃一之平等社會，不過爲文化目的，而是認階級分歧之貴族社會組織，明以希臘之都市國家爲出發者也。

亞理士多德亦將法理學與倫理學兩相結合，以國家之目的爲個人之完成。驟見之，似爲個人主義之正義觀，實則在希臘之都市國家，全由市民濃厚之共同感情所結合。國家與個人，間隙之意識作用甚少，故個人之完成與國家之理想，不致發生矛盾。即國家已成爲有機之物，而將此成員包攝。近代法理學中，所屢屢引用亞氏「政治動物」（zoos politicos）之概念，究其意義，亦不外爲對於當時希臘共和小國家所有之共同感情而言也。故希臘之社會生活，所以比較强固者，亦此之故。惟其政治秩序，則決非安定，此亦由共和政治之組織所使然。政體制度，在亞氏時已極重視。對於君主政治，貴族政治，與民主政治之惡化者，則名之爲專制政治，寡頭政治，與暴民政治。亞氏主張國家之統治，須依照法律之規定，極力排斥專制政治。政治正義之原則，仍爲平等；惟其平等，則非絕對之平等，而爲相對之平等，尤更屬報酬的與比例的之平等。且其正義，亦除根據法律形式之正義外，並承認有超越法律之具體的正義，卽承認公平事實之存在。蓋公平之事實，爲形式的正義，在實質上不正義時，與以一種救濟之手段。故公平者，乃理想正義之法律的匡正。而正義出於自然，法律則由立法而生，自然法之見解，可謂在亞氏時直已表現之矣。

斯多噶學派(Stoicism)，爲亞氏以後之哲學派別，以遵從自然秩序之生活，卽遵從合理之宇宙法則爲德。倫理的人格主義，在其社會觀中，已成爲世界主義之物。故人類之普遍概念，可謂由斯多噶學派產生後，始明確成立。且其自然法之概念，亦與羅馬之法律思想，以極大之影響。

在亞氏以後，傾向於感覺的個人主義者，可以伊壁鳩魯(Epicurus)爲代表。

亞氏以國家之結合，爲由人之自然本能。反之，伊壁鳩魯則謂國家非因自然而存在，乃成立於自由意思之契約。卽謂國家爲由個人爲其相互間之利益所結合而成；而國家與法律，遂從而根據其利益之原理，而支配之。故伊壁鳩魯之法律觀，可謂爲一種功利主義之法律觀也。

似此吾人對於希臘哲學者之法律觀，成爲今日問題之種種法律學立場，已不難看出至少在其萌芽時代已完全表露；而其實際之法律生活，亦已富有近代色彩。且政治在大體上亦爲共和制，市民享有政治之自由，立法雖無統一之大法典，亦有如梭倫(Solon)來克瓦士(Lycurgus)等之立法事業。社會生活中，市民享有極廣義之自由。惟奴隸甚多，一切生產之勞動，殆均爲奴隸之職務。且國外之人，不能享受市民之法律地位。婦女被禁錮於家庭，不與以各種社交。婚姻在男子方面，亦比之謂爲爲愛情之滿足，寧爲遵從習慣與宗教之命令。生女爲人所不喜，卽遺棄之，亦可是認。凡此種種，則又爲明顯之古代色彩也。

第六節 羅馬之法律思想

羅馬人由其法律文化，已與近世以偉大之影響，實可無待吾人之再說。延陵(Rudolf von Jhering)在其所著之「羅馬法之精神」開卷卽謂：「羅馬曾三度支配世界，三度統一諸民族；第一，由羅馬民族之武力成就國家之統一；第二，擾獲其沒落後敎會之統一；第三，在中世羅馬法繼受之結果，生出法律上之統一。」此說已成爲有名之言論。由今日吾人所採用之民法，卽基礎於羅馬法概念之構成而思之，則對於羅馬人法律文化之貢獻，可不言而喻矣。

羅馬爲亞利安(Aryan)人種移住之一派，開拓其生活於意大利半島。當建國之初，人民尙大抵爲農民，法律亦爲農民的窮屈形式之嚴酷法律。若言其法律規律，則爲缺乏倫理色彩之純法律的法律，尤更存有宗教之要素。惟世俗法律(jus)脫離宗教法律(fas)後，實有用此嚴格之法律規律，以維持社會秩序之必要。其財產法之權利爲絕對的，一切家族，均處於家長權絕對統轄之下，而家長則須負擔一切對外責任。故後來所謂「良善家父之注意」在羅馬私法上成爲一種重要之概念者，誠無足怪之事實也。而此羅馬嚴峻之農民法，則已表現於有名之十二法表。

此古舊嚴格之羅馬市民法（jus civile），在歷史過程中，依所謂公平之精神，已漸次和緩而成爲萬民法（jus gentium）。蓋羅馬人，非如希臘人之持有哲學的深心，惟具有實踐精神。加之其構成建設的法律概念之技術，已佔世界獨步之地位。在其不失法律之一般性質，容留具體的理性要求之過程；實爲一種可驚嘆之事實。羅馬法之發達，其組織機構，以佈列德爾之立法及裁判作用爲主，其思想根據爲條理（ratio legis），卽不可變動之宇宙的秩序。然此爲自然之條理（naturalis ratio），與國民精神所要求之國民的條理（civilis ratio）不同。故此在羅馬，以其謂爲由人類共同之法律感情，或法律意識，寧可視爲一種全然客觀的之自然秩序。此則與斯多噶學派之思想，有相通之點者也。且遵從條理，適當解釋法律，卽爲公平。公平者，乃由新的正義觀念，而爲傳統的法律體系之匡正。當時實已將漸次覺醒之倫理意識，注入嚴格法律之內。故其條理，結局仍不外屬於倫理之理念。然其所以採入此倫理的條理者，則一方由於羅馬人已受道德意識之洗練，固不待言。而其社會方面之原因，則又爲羅馬版圖之擴大，結果有須與他民族交際，或支配他民族之必要。

羅馬法理學者中之可得而舉者，不過爲季該羅（Cicero）。季該羅在方法上，受亞里士多德之影響；內容上，受斯多噶學派之影響，以至上善爲「從自然而生」正義爲德。德之正義爲「公共心」其格率，即「不害任何人，正直生活，與一切所屬者，以其所屬之物。」此種正義觀，實已將羅馬之法律思想完全支配。然正義又不僅爲一種德，其基礎爲自然之條理與自然法（lex nauralis），可適用於倫理及法律之物。即國家與法律，非出自人類之任意行爲，乃有其客觀的基礎，滿充着倫理精神之宇宙秩序也。蓋由自然法之認識，已發現人事現像與神事之交涉。人依自然法之認識，而行動時始能行真正之正義。正義之原則爲平等，故人類由其社會本能而形成社會，（亞里士多德之研究法）最先爲家族，其次爲國家，而終至形成人類社會(societas hominum)也。（斯多噶學派之研究法）且國家之本質，在爲法律之源泉，而目的則爲市民之幸福。凡此種種，皆爲季該羅之思想。

在羅馬當時，專致力於法理學之專門哲學者甚少，惟依多數之法律學者，則不論多少，法律一般總可由原理上而考得之。又況在其思想上，已示有深藏之識見。如：「法令(lex)爲國民之命令及規定」法律(jus)已被視爲理念之物。「法律者，善及公平之技術。」「法律學者，爲神事人事之智識，對於正不正之通曉之謂也。」「正義者，爲各人欲享有其當然權利(jus)，恆久不斷之意思也。」羅馬法學者，所有超越之法理見識，實已在此類之文句中，完全表現。且羅馬私法之發達，殆已登峯造極。故至近世而復活，至於支配現代文明之社會者，決非偶然之事也。

基督教之傳播，在羅馬社會中，爲一顯著之文化史事件。蓋猶太宗教之特色，原爲一神教。然其神不過爲以色列國民之神。希臘之神，爲發達於理想之人類態，故亦不免有貴族色彩。基督教則不然，一方以猶太一神教之思想爲基礎，同時又教以一切人類之倫理的平等，最先感住羅馬人，更進而感化羅馬帝國統治下之諸民族。惟羅馬所受基督教之感化，對於法律制度，尚無多大影響。蓋自君士坦丁(Constantine)大帝以後，基督教已成爲羅馬帝國之國教，而此時羅馬之法律，亦已過其最盛時期，終止發達之過程。故基督教表現其力於社會方面之時，實已在既入中世時期之後。

第七節　印度之法律思想

印度法亦爲最早發達之古代法之一。蓋屬亞利安人種一派之印度人，最初在其五河地方殖民時代，尚爲原始之部落生活，經營牧畜農業。部落被統治於王勢力之下，其威力尚未强大。宗教則以自然崇拜爲主，且存有動物崇拜，故未發生僧侶階級。其法律生活爲極原始之物，亦可想而知。迨至移住恆河地方後，(約在紀年前一千年）王之威力增大，政治統制增加，同時且發生僧侶階級（婆羅門）其宗教勢力，遂與王之政治威力相拮抗。惟當時之社會組織，大概爲種族的國家。王族，婆羅門族，庶民，及賤民之四姓階級，頗爲嚴格保守。其中以前三者爲屬於征服民族之亞利安人，賤民則爲被征服之民族所成。惟在此時代之可發見者，又不僅爲宗教與政治之文化之發達。卽各種工業商業之交易亦已發達。關於契約之法理，亦已能理解。

佛教打破四姓階級，以求四姓平等爲社會理想，而在其教團中實現四姓平等之主義。政治上則以正法而理想統一世界王者（轉輪王）之支配。此種理想，由以佛教爲依歸之阿育王，曾一度實現。惟阿育王沒落後，印度再陷於地方的分裂。婆羅門教之宗教勢力復活，固定嚴守四姓階級之社會組織，而根據於宗教思想之馬魯(Manu)法典，遂得長期支配印度，尤其至第四五世紀時，在笈多(Gupta)王支配之下。一時國王之政治統制擴張，那拉打(Narada)法典，似已增大王之支配權力。惟結果仍不能顚覆婆羅門教馬魯法典之權威。

在馬魯法典之下，印度四姓階級，爲絕對神聖之物，故極重視家族系統。家族生活爲家長權制，全由父系承繼。家族爲一共產團體，統括於祖先祭祀觀念之下。其工商各業發達頗古，經濟交易亦自由，已如上述。惟王族與婆羅門族，則不與其事，不過爲市民階級之特權而已。其當時經濟活動之盛大，可想而知。卽王族與婆羅門族之文化生活，亦基礎於其市民經濟之繁榮。蓋商業貿易之發達，契約法亦當然同時發達。且印度之契約法，極自由，富有道德的要素與技術的要素。在買賣契約上，已如羅馬法，危險與契約同時轉移，無待財物之引渡。（日耳曼法。待財物之引渡，則發生危險之轉移。）可想在當時其頻繁商業之交通，已極爲發達也。

在刑法上，已確立公刑罰之原則。復雖比較早被限制，且犯罪槪念，亦頗置重於主觀的與倫理的方面。惟因印度階級制度之結果，由身分之高下，尙有刑之輕重而已。裁判多在王或村落之裁判所行之，爲婆羅門族之主要任務。裁判手續爲合議制，證據亦以合理證據爲主，然亦尙有是認神祕之斷罪者。

佛教之超階級的人道主義，終不能見容於印度。然其所傳播之柬埔寨(Cambodia)，緬甸(Burma)等則已形成人道的法律制度。尤其在刑法上已和緩刑罰之殘酷，將刑罰與道德懺悔相結合而限制死刑，甚至將死刑完全廢除。

第八節　中國之法律思想

中國之法律文化，亦早已成就高度之發達。距今約五千年前，漢族民族，驅苗族而佔據中國之中央沃土，以農業爲生活。土地爲部落所共有，由各家族分田而耕。周之井田法，卽由此分田制度而來。各部族各有族長(牧、后)，戰時統率士卒，平時執行內部之裁判。部族之上又有由選擧而生之王。王之權力，初不甚强。禹以後，王爲世襲，權力增大。由是部族之組織遂崩潰，而形成地域之統一國家。惟周末時，諸侯之勢力甚强，竟至壓倒王權。隋唐以後，則統一之國家組織，在大體上尙能維持。然雖統治於王朝之下，政府命令所及之範圍猶甚小。卽時至今日，各地方亦尙有獨立之地位。

中國之法律，除複雜之官制外，刑法尤特別發達。由五刑（墨、劓、刖、宮、辟、）之名，則可知公刑罰之原則，在周時已經確立。且至隋唐而律令之立法備，其中之律，卽爲刑法，有整然的犯罪與刑罰之規定。對於侵犯個人法益之行爲，亦科以公刑罰。刑有死、流、徒、笞、杖之五刑，純爲威嚇性質。然明白分別其爲故意或過失，承認自首則減刑等則又不乏倫理之色彩。卽諸盜在三犯以上，亦有加重其刑罰之規定。惟對於重罪，尙承認連座、緣座，與夫依身分而異其刑罰等之辦法，則亦有顯著之古代色彩。

唐代官制頗完整，一般人民之階級，有貴族、良民、與賤民之分。家庭組織於家長權之下，而行長子承繼。婚姻亦根據契約（婚書，）惟離婚條件（七出、義絕，）對於妻方極不利。例如年五十無子者去之，則視女子爲全然繼續一家系之工具也。其所以發生似此家族制度之思想背景，則爲中國所有祖先祭祀之宗教觀念。

蓋中國祖先祭祀之宗教觀念，且以復仇爲被殺害者子孫之義務。唐時之國家統制上，雖曾將其加以禁止，然其後復仇之事實，亦尙繼續而行。且因儒教之影響，卽日本方面，亦發生以復仇爲道德義務之風氣。

中國國家統治之法律思想，最初亦建築其基礎於祭祀「社稷」之觀念。惟夙重王德，以宗教性之「天命」與王德結合，以此爲王之政治權力之根據，且一面尊重王之威力統治之思想已發達。蓋在周末思想醱酵時代，關於國家與法律之哲學思索大興。就中王道與霸道思想之對立，卽至後世亦受其影響。王道卽德治主義，乃由家族之道德觀念，及於國家統治之物，爲孔孟正統儒教之思想。霸道卽威力主義，法治主義，以確立權力之統治及物質之福祉爲目的，卽商鞅，韓非等所謂法家之思想也。

孔子之教，以道德爲主，然其思想則含有豐富之政治哲學的思唯動機。蓋孔子之目的，卽所謂「修身、齊家、治國、平天下。」可見其思想結局仍傾向於政治與社會之完成也。依孔子之說，政治之根本爲道德；法律與刑罰，均不能治世，故宜以禮樂，而導人民於道德。卽其思想乃以極力崇尙傳統的浪漫保守主義爲基礎，而窮極之原理，則求之於「天」者也。然雖在安住天命之點，帶有宗教色彩，而大體上，則爲極實際之道德論。迨至孔子之孫子思子時，受老子等哲學思想之影響，更有顯著之努力建設其道德基礎於形而上學，如「天命之謂性，率性之謂道，」則已可視爲一種之自然法論也。

孟子繼子思之思想，以誠爲天之道，且卽人之本性，基於人性善之性善說，而說道德，故其政治哲學之色彩最强。然其思想與孔子之屬傳統主義者，又非盡同。如「民爲貴，社稷次之，君爲輕。」寧有民主主義之色彩，且其湯武放伐論，亦與西洋初頭之暴君放伐說（Monarchomachen），有相通之處。

對孟子之性善說，而高唱性惡說者爲荀子。惟根據荀子之性惡說，而發揮政治學說者，則爲韓非子。韓非子採其法治思想於商鞅，商鞅仕於秦之孝公，用其經綸而秦國强大。彼以富國强兵爲目的，且爲達到目的，殆可不擇手段，與近世之馬葛維利（Niccolo Machiavelli）相伯仲，爲一政治學者而兼實際之政治家也。欲使人民歸附國家之目的，則信償必罰，行法不可有躊躇之處。韓非子傳商鞅之思想，以法治爲治國要道，且採取屬儒教系統荀子之性惡說，謂人之本性爲惡，不能以禮治之，而爲法治說之基礎。又與商君相同，採取重刑論，而一面又謂爲治天下之故，須登庸人才；人主之道，在於虛靜，無敢現已之好惡，察羣臣之才而用之。

第九節　日本古代之法律思想

日本乃以上古氏族制度爲中心之種族國家。氏族者，有共同之祖先，或亦可信爲包含有許多戶之團體，統轄於氏長之下者也。氏有大氏小氏，用系統的而統括之。各氏中，氏人之外，稱爲部曲之民，卽屬於賤民。戶有家長，統轄家族。一切均爲父權制，而其思想之根據，則爲祖先祭祀之宗教觀念。

各氏有各各不同之職業，卽大小官職，亦各氏各有所屬，由氏長世襲之，如大臣、大連、國造、縣主（均日本舊官名）等是也。皇室原爲氏族之一，同時被認爲各氏族全體之統率者。天皇之權力，當時決非有若今日之强大，不過直接支配天皇之氏族，對於他氏僅連絡其氏長，而行間接之支配。然以皇室爲中心，而傾向於地域國家之形成，則又在最古時代，早已表現。如在古事紀，日本書紀，尤以在其神話中，均可發現天皇所以爲政治中心之原因，乃係基於宗教動機之一貫。卽日本民族之歷史生活，可謂最初已努力於依皇室而確立其地域之國家也。其主要之思想根據，則已現於古事紀中關於神神系譜之傳說。蓋天皇爲種族祖先之後裔，由有祭祀種族祖先之權，而有統率全種族之權。卽政治與祭祀已被祕接連結，而政治作用之最重要者，則又恐爲軍隊之統率。

然因文化之推移，尤其與朝鮮與中國之交通，而其文化移入，單以宗教威權爲國家統治之基礎，遂成爲不充分之物，而發生依武力財力以保障皇室權力之必要。同時卽各氏族之武力財力，亦殆已與皇室平行發達，氏族制度尙爲一種鞏固之社會組織，有牢不可拔之勢。蓋當時爲經濟生活基礎之土地，分屬於各氏族，由氏長指揮之下而耕作，個人可勿論，卽戶亦尙不能爲社會上經濟上之單位。

然此鞏固之氏族制度，不久亦卽崩潰，而現出中央集權之地域國家之統治。其原因，第一爲人口增加，領土隨之擴大；第二爲由大陸傳來之新思想，尤其是傳來佛教之信仰。蓋領土擴大，則在其所擴張之領土，欲維持舊時之氏族制度，極爲困難。故由種族的團體，而推移於地域的團體，乃一必然之趨勢。同時與大陸交通，物質慾望增進，經濟亦隨之活動，而氏族之共產制，遂終陷於崩壞。加之主重個人之生命與自覺，輕視階級差別之佛教傳來，對於從來基於祖先祭祀之團體思想，再喚起人格主義個人主義之觀念。卽如儒教，雖爲基於親族之道德觀念，然在其主重國家統一之思想，亦到底不能與氏族制度相容。凡此種種，均相踵而至，而氏族制度，遂終不能免於崩壞。由是一面戶竟化爲社會生活之單位，他面則朝廷之統治權力，亦竟擴張增大。

當時之識者，採入佛教與儒教之思想，欲由政治法律之改革，以確立國家之統一。聖德太子之十七憲法，正爲其之表現。若乎大化之改新，則更在實際上求實行政治之改革。其時排斥氏族之共產組織，以一戶爲單位，已實現直接統治之君主政治。從來屬於氏族之土地，均歸於天皇之最高所有權，惟耕作利用，則委之各戶，以其所收穫之一部，爲租稅，納之朝廷，而成立所謂「班田收受」之制。此則爲模倣中國田制之事實，可無待言者也。

大寶律令，乃模倣唐代律令之立法，爲國家統治之改革，表現於法律者也。當時直接統治所及之地，固僅限於近畿，各地方尙由國司郡司，敷設郡縣政治，且實際上，郡縣政治，亦脫離中央而獨立。然無論如何，在受大陸文化影響之下，已確立一應統一國家之體制，則爲一明顯之事實。卽其律令，實際已行至如何程度，雖屬疑問，然在近畿地方，至少亦有某種程度之實施，則可無疑。

第三章　中世文化與法律思想

第一節　中世文化之特色

本章之所謂中世者，在西洋爲大羅馬帝國沒落後至宗教改革時，日本爲鎌倉時代至町室時代之間。此兩者之中世，雖其歷史傳統各異，而文化之精神與態度，則極相類似。尤以其社會組織與法律制度，更有令人可驚嘆之符合。蓋在此東西中世文化之並行，福田德三博士所著之「日本經濟史」等，已注意及之。最近由平泉澄博士日本文化史之研究，則有不少更明確之點。故現由法律思想上而觀察之，則在中世之文化，共有三大特色可舉：卽第一，爲封建政治之組織；第二，爲宗教團體（教會、寺院）之優勢；第三，爲職業團體之發達也。

第一，封建政治之組織，不論東西方面，均發生於中央集權之國家統治廢弛後，根據土地領有之地方領主權力，各相並立；其下且有與土地所有相結合，有主從系統之政治階級。由是全國之統一力薄弱，而形成地方分權之政治組織。然古代由種族的國家，而推移於地域的國家，其主要原因，乃發生於以武力財力爲基礎之社會生活之統治。蓋縱令有其合理之物，然不與一般社會之文化相隨而行，尤其因與地方經濟生活之利益不能一致，故遂難免有其崩壞之命運。是故迄乎近世國民國家之成立，政治猶暫時不得不爲地方分權者，此卽爲發生封建制度之原因也。在其間國家生活與社會生活，法律生活與一般文化生活，更取有機的融合之過程。中世文化史之意義，卽在於斯。

第二，中世時代之宗教團體，極佔優勢，殆有凌駕世俗政治之狀態。在西洋方面，代表基督教會之法王，其教權屢屢有壓倒國王權力之事，固爲吾人所素知。卽在日本方面，中世之佛教寺院，如何爲社會生活之中心，在國民之經濟生活精神生活上，有如何重大之影響，亦已由平泉博士詳加闡明。蓋其勢力雖不如西洋之基督教會，可壓倒王權，然亦有如白河法王「天下之不如朕意者，惟山法師與雙陸之賽，鴨川之水。」之嘆語可證明在中世時代之寺院，實佔有社會之優勢也。

第三，中世時代之經濟生活，尙以農業爲主，惟工商各業亦漸次發達，而發生種種生活上之經濟階級。且職人與商人階級，爲保護其職業上與生活上之利益，常組織種種之職業團體（組合），卽歐洲方面之基爾特（guild）（歐洲中世之同業組合，）贊夫德（Zunft）（德意志諸州之手工業組合）與夫日本方面之「座」（等於中國之行或班）等是也。此類中世之職業團體，一切均在一定之職業上，有獨佔之地位。同時在其內部，行生産之統治，且爲團結其精神基礎起見，常有採用宗教之祭祀者。其元來之意義，本爲經濟目的，特如歐洲之基爾特，則似已有顯著之政治作用。

要而言之，卽古代思想傾向之中心，爲國家之統一，奉行一切文化於國家生活。反之在中世時代，則以經濟文化，精神文化之社會浸潤，爲傾向之中心，因之國家統一力薄弱，不過由地方權力以維持此殘缺不完之治安。然其間之精神生活，則又向地方及下層社會擴張，且發達非直接從屬國家之經濟活動；由此卽可想像當時宗教團體與職業團體之興盛。故在中世時，雖其政治爲黑暗時代，不安時代，然在社會文化創造之過程，則爲一極有意義之時代也。

第二節　西洋中世之法律思想

羅馬帝國雖已衰亡，而其文化之支配，尙能繼續。惟在此國家統治不完備之中世時代，以羅馬爲中心；而在精神上，政治上支配歐洲當時文化社會之全體者，則爲基督教會。蓋普通之教會支配固基礎於精神之權威，然在中世時代之基督教會，則如所謂立法，司法，行政等均已明顯發揮其政治的職能，又不僅爲精神之支配也。故此兼有精神的與政治的支配之羅馬教會，與國王及領主之封建政治統治，相繼而生，遂將中世之社會生活，加以束縛。加之工商各業，已由各各之職業團體獨佔，故在經濟方面亦已不能自由。似此涉及人生生活各面之社會束縛，雖在只依武力征服之羅馬帝國之下，亦令人所夢想不及，此卽爲中世思想之特色。

究竟在中世時，古代曾一度施行之國家統治已廢弛，所謂教會與職業之特殊文化團體，遂各發揚其勢力。此類之團體，雖云以宗教職業之文化爲中心，然其精神上之結合，則與上古以血族爲中心之團體思想相類。蓋中世時代之基督教，比之謂爲個人之信仰，寧爲團體之信仰，欲以團體之權威統治社會生活之傾向極强；惟其所支配者，又不僅限於一定之地域。故有地域界限之國家當然不能與之拮抗。迨後基督教調和國家存在之傾向，逐漸强固時，雖容認地域國家之存在，亦以奉行基督教之事實爲前提。且基督教似已踏入保護個人生活之精神，惟此亦以奉行正統之基督教者爲限。故若有冒瀆教會精神支配之權威者，無論何處，教會均將加以迫害。所謂「不寬恕」（intolerance）者，其根底實爲在基督教教會之團體思想也。

屬職業組合之基爾特賛夫德，將各種職業歸其組合員之獨佔，且爲鞏固其精神之結合，在組合中舉行宗教儀式。蓋利用此機會以集合組合員，評議組合之重要事務也。組合之分別，依職業種類而不同，欲進其組合者，必須經過一定之徒弟生活，或繳納一定之金額。且組合各有關於其職業之警察權與司法權，同時且行其組合員之救濟。凡此種種，卽爲其社會勢力所以强大之原因。

中世之哲學，欲以教會信條，試與合理之思索相結合。其法理學之思唯，則欲以教會信條與國家及法律相調和，而付以基督教徒，如何始得屬於國家生活之理由；乃一妥協之哲學，可以奧古斯丁 (Aurelius Augustinus)，及多馬斯阿奎那 (Thomas Aquinas) 爲代表。依奧古斯丁之說，教會絕對立於國家之上，因教會爲神國 (civitas dei)，應有永久之生命。地上國 (civitas terrena) 之國家，不過爲一時之現象。世界之終結，將僅由神國支配。地上國必歸於滅亡。蓋國家僅以維持地上和平之手段，爲其存在之理由。惟因此目的之故，人亦有服從國家法律之義務也。

中世之法理學，至多馬斯阿奎那而登峯造極。多馬斯分法爲三類：第一爲出於神的理性之永遠法 (lex aeterna)，乃神支配世界之絕對原理。第二爲自然法

(lex naturalis)，爲對永遠法之人類參加法。蓋人類雖爲不完全與罪惡，然能判斷善惡，卽依於自然法之認識。第三爲現實之法律，乃自然法之原則，施行於各方面者。蓋正法律不可不與道德相調和，卽應與自然法相一致。然法律又不可不斟酌人之不完全，故法律上所禁止之不法，亦應較道德上所謂惡之範圍較狹小。且多氏又依亞里士多德之說，謂正義爲一種德，而區別爲一般正義，與特殊正義。特殊正義者，乃超越法律規定，而實現平等之事實，卽公平之謂也。

中世時代之實際法律生活，以日耳曼之習慣法爲基礎，而加以羅馬法之感化，與基督教之影響。其家族生活，爲家長權制，頗重個人之地位，尤其對於婦女之地位，已有相當認識。惟此則決非有如近世之自由。其公共生活，爲依封建之主從關係所支配。經濟生活，則爲服從團體之統治，已如上述。卽其刑法，亦已漸次發達公刑罪，不過尙有復讎之行爲，且有行贖買復讎之事實而已。其裁判形式，亦尙有由異教時代所傳來之神判，決鬪等，實有古代原始之色彩也。

第三節　日本中世時代之法律思想

次觀日本之中世，王朝時代所有之皇室權力漸衰弱，實權等於歐洲之國王 Major-domes 歸於世襲攝政輔佐地位者，藤原氏之掌握，不久藤原氏亦流於文弱，不能行使强力實現之政治。由是興起各地之武家勢力，遂逐漸增大。結果中央權力，最初爲平氏所握，繼由源氏起而倒之，開幕府於鎌倉，以號令天下。所謂中世時代者，卽由此時起也。然其所以發生似此政權推移之主要原因，則爲王朝時代，所制口分田（卽分配田）之制度，不適於地方經濟生活，莊園遂逐漸增加，其可免除租稅，基於特別所有權之經濟勢力，已根深蒂固。由是抬頭於各地方之武士階級，與霸者之豪族，遂發生用其威力以行使地方治安與正義之傾向。

源賴朝開霸府於鎌倉，以征夷大將之名，行統治天下之實權。然在大體上，承認從來之莊園，故其所有權已極安堵。同時性質上且變爲封地，幷已承認封地上所有之警察權與裁判權，派遣「守護」於全國各地，以行「兵刑」之權；派遣「地頭」於各自之莊園，以擔任一切行政徵稅事務。其後地頭之權力，逐漸擴張，原來行使屬於守護權限之裁判權者，至北條氏執權時代，則竟發生全有封地主之性質。

日本至町室時代，封建制度已有顯著之發達。全國大部分，均爲封地，非封地之土地極少，卽部落之共有地，亦着着減少；而封地之領有及其司法行政權等，則均集於領主之一身。領主可依封地之大小，分爲國主，領主，與城主之三者；前二者爲大名（等於中國之諸侯）城主則爲小名，惟土地之領有，比之謂爲純粹之財產的所有，寧不過爲徵稅權之客體。然無論如何，均各有其土地之支配權，且基於此支配權，遂對於土地之住民，施行其一切司法行政，卽將封建法律關係之特色，完全發揮。

中世爲地方權力支配時代，並無統一之强大權力。故其生活狀態，極不安穩，騷亂甚多。卽平時之生活，對於生命財產種種之不法威脅，亦常有發生。似此不安之現實生活，在當時理智未覺醒之人心，傾向於宗教信仰，乃一極自然之趨勢。故對於神佛信仰依歸之厚，實爲中世時代精神生活之特色。因依其信仰之權威，社寺遂得超然立於騷亂之外，成爲神聖不可侵犯之場所。然此又不僅爲一種信仰之中心，且爲藝術學問與教育之淵源，卽在經濟生活上，亦經營重要作用，終而至儲蓄武力，成爲政治上之一要素。

日本之中世時代，社寺之社會勢力，如何盛大，由其社寺之多，僧侶之衆，且領有莫大之土地，卽可知之。尤以中世之寺院，多集中於一地，如比叡山，奈良，高野山等寺院之勢力，至少已壓倒大名之俗權。平泉博士依寺院所有亞遮盧(asyle)之權，已證實中世之佛教，在社會組織上，有如何重大之意義。蓋亞遮盧爲犯罪者逃藏，以免復仇者追蹤之場所。歐洲中世之教會，亦已有之，逃入教會之罪人，無論如何，均受教會之保護。惟後來又復行於一定條件之下，引渡於官吏或放逐於國外之事實。日本在中世時代，亦承認禁止寺邊殺生，且基於佛教之慈悲思想，與寺院所有一種治外法權之地位犯罪及其他受無妄之災禍者（尤以下人爲多）均逃入寺院，遂起貪緣僧侶之風，發生多數承認其有完全亞遮盧權之寺院。德川時代之緣切寺，即爲一般中世有亞遮盧權之寺院消滅後，尙殘存之遺制也。

中世時代之社寺，且在經濟生活上，經營重要之經濟作用。例如在一般警察權力薄弱之中世，寺院爲一和平區域，因在其境內或附近之場所，有安全之保障。故乘祭祀法會之機會，開設市場，始則門前開闢街道，終而形成一都會者，其例殊屬不少。且發生多數販賣僧侶物品之行商，而發達行商之制度。寺院更利用其經濟資力，流通金融，剝取利殖，賴母子（銀會）無盡（提人會）等種種金融組織之發達，均多以社寺爲中心。且社寺常利用其本末所領之關係，與乎僧侶信者等之交通，辦理「替錢」，即今日之匯兌事業。

中世時代之初級教育，全操於僧侶之手，此即足以證明其對於社會生活，有重大之影響。蓋其寺院，雖無如歐洲中世教會所有政治勢力之程度，然總算一種教會勢力，除純粹的精神信仰之外，其勢力尙及於世俗生活，已可無疑。若乎佛教隨中世之時代，而傾於衰微，則在安土、桃山時代以後，由全然屬於世俗之近世政治，其統治機運已成熟後之事實也。

日本中世之經濟生活，極受束縛，「座」與「關所」（卽關口）之制度，卽最可表現。「座」之原來義意，其說紛紛。依平泉博士之硏究，則謂「座」原爲座席之意義，由神社中氏子座席之意義而來，蓋在古代爲附屬於神社，而充滿社寺所需要之工商業者團體，後來則爲在社寺或權門保護之下，有從事一定職業特權之工商團體也。故由社寺方面觀之，則「座」爲一種徵稅機關；由座人方面觀之，則「座」不外爲排斥他人之競爭，而得獨佔從事某職業之特權，與歐洲中世之基爾特賚夫德極相類似，爲在工商業發達時代，一種特殊之社會現象也。「關所」亦爲中世時代，束縛經濟生活者之一。至近世之關所，不過僅有警察之目的。而在中世時代，則關所之設立，爲一種徵收關稅之手段，所在均出於豪族之財政動機，此亦與歐洲中世時代之關所相類。日本之「座」與「關所」均爲代表近世自由主義之信長秀吉所破壞，惟至德川時代，而其痕跡尙存。

日本中世之社會思想，徬徨於兩種矛盾原理之間，卽一爲依佛教而生之出世間的精神思想，一爲依日本國學與漢學而生之世間的現實思想。其思想之矛盾，表現於種種方面，惟未見如歐洲中世之教會與國家對立抗爭。此則由於日本所傳來之大乘佛教，最初並無教會主義之態度。雖以指導國家之精神爲任務，然尙缺乏以宗教團體之力而行使其精神之傾向。蓋日本中世之佛教家，如日蓮積極行「國家諫曉」，榮西在「興禪護國論」中力說「鎭護國家門」；親鸞之中心思想，則全爲來世的。同時就在現實生活而言，亦個人主義自由主義之傾向極强。然其中亦有時教以「爲朝家爲國民而念佛」以求與國家生活相調和。

第四章　近世之文化與法律思想

第一節　近世文化之特色

歐洲之近世史，乃起於宗教改革時代。惟近世文化之根源，則思想方面，胚胎於文藝復興；形式方面，起因於新大陸之發現。日本則以至德川末期爲在中世封建制度之下，乃一通俗之見解。惟此見解之錯誤，早已由福田博士所著之「日本經濟史論」，詳加指示。卽謂德川時代，其政治組織，雖猶維持封建制度之外形，而封建制度之基礎已崩壞，不過僅有其外形，統一於德川氏中央集權之下，而爲專制警察國家之時代。固然由德川氏之鎖國政策，遮斷與西洋文化之接觸，防阻近世自由主義思想之侵入，然其鎖國政策，仍爲一種商業體制(mercantile system)，自身基於近世絕對主義之思想。且隨都市之勃興，商人階級之經濟勢力，暗中與武士階級之傳統勢力相拮抗，而成爲一種重要之社會要件，乃一不能否認之事實。卽在思想生活，亦脫離中世佛教之支配，行儒教現世之道德思想。且因日本國文學之復興再生純粹主權的國家統治之思想，加之以經濟生活爲考究對像之經濟學者輩出，凡此種種，直已打開近世之曙光。

然所謂近世文化之特色，究竟如何，恐有種種不同之見解，故余現試將其分爲由三方面而觀察之。

第一，爲統一國民國家之確立。統一之國家，在古代曾一度實現。然此爲由小部分之支配民族，或支配種族之理想所成立，以武力統治而行人爲之統治者也。其以原始生活覺醒後之早期自覺文明爲基礎之一點，雖有重大之理想意義，然一般民衆與社會生活，缺乏有機的之調和，則其社會基礎之比較薄弱，誠不能否認。蓋古代國家沒落後，中世時代之政治組織，僅由封建土地之領有與主從關係，行地方之社會統治，而缺乏鞏固之集權國家，前章早已述之。然至中世末期，國民文化之自覺，至再要求如古代强力政治之權力統治，尤以在歐洲方面，對基督教會所有之世界的教權，更切望代表世俗國民生活之國家出現。卽近世國民國家生活之確立，以由教權之解放，爲其第一之特色也。

第二爲個人自我之自覺。人類在其原始時代，如圖騰集團以宗教表象爲中心，而經營集團生活。稍下則以祖先祭祀之宗教觀念爲中心，而處於氏族團體統治之下。在此時期，個人固可勿論，卽所謂家族之意識，亦尙缺乏。由古代國家之出現，從來氏族之權力，遂集中於國家，社會生活之單位，移爲較小之「戶」。惟古代之「戶」，並非如現代家族之小，乃由多數家族所成之共產團體。至中世時代，家族漸次化小，成爲個人之物。惟同時以血族精神所結合之宗教及經濟之團體思想極盛，迨至近世時代，則又離此團體之自我意識，而發達個人之自我意識。（可參看朝永十三郎博士所著之「近世之我之自覺史」）此個人自我之自覺，其社會背景爲在經濟上市民階級之解放。故思想方面，結局仍以現於個人意識之理性爲根據，而歸於要求理性之自由。在此意義，則近世之思想，又爲合理主義與自由主義者也。此合理主義與自由主義，前已述之，乃與國家統治，在論理上互相矛盾，而實際上則又互相調和，而現出破壞中世團體思想束縛之過程。

第三，爲經濟階級之優勢。經濟要素，無論在任何時代，均爲社會生活構成之重要條件。故在中世之封建的武士階級支配下，其武力支配之背後，亦尙有起因於土地領有之經濟勢力。蓋武力所根據者爲農業經濟，對此而新發生之工商業階級，由其團結力僅能在組合束縛之下，主張其利益。然至近世，則益發達之工商業利益，到底不能再任於如中世之束縛下，而發生比較自由之市民階級。故前所述之國家統一，在其破壞中世束縛之意義上，卽爲支持新工商業階級之利益。惟迨後新興市民階級之經濟勢力，在社會上益加重要，終而達到全有左右政治之命運。法蘭西之革命，卽其表徵。卽在日本，德川幕府對於官軍攻至江戶附近，而不敢出於一戰者，亦以都市之江戶利益所不許。而明治維新以後，政權之推移，辯論中亦以「實業」之政治支配爲口實，在思想上，則因受自由民權論之影響，憲法之制定爲不得已之事實，且因明治末年至大正年間，所有民主主義思想之猛烈，議會政治，遂得大致確立。凡此一切，雖係無非受西洋法律思想政治思想之影響，然此政治法律改革之背景，則對於日本所有產業生活之變革，斷不可置之不顧也。

卽在最近之社會動搖，及隨此而生之法律思想之變遷，其原因要亦爲工業勞動階級，再變爲新生之第四經濟階級，而主張其利益之故。蓋近世工商業發達，由其技術之理由，自然出現大企業，而所謂產業革命者，卽一方爲比較少數之資本家企業家階級，與他方極多數之無產勞動階級相對立，而至其利害完全相反。由此對於從來以市民階級爲背景之自由主義，發生懷疑，同時卽對於合理性之國民國家，亦起疑問，而要求社會革命之思想，遂以種種之方式而表現。此傾向在前世紀之後半期，已極顯著。社會主義之種種形態，皆爲現於基本事實之思想，而此傾向乘歐洲大戰之機會，更促起全世界思想之動搖，則爲人人所知之事實。卽日本方面，資本主義社會之形成，亦有急速之發展。同時在相反方面，則憤恨資本家搾取之無產勞動階級之勢力，亦已成莫可與爭之地步。即社會主義，用社會科學之形式，以鼓動青年學生之心理，亦不外爲對於此種變遷之社會生活，而努力於追求新正義。然在其他一面，則國民國家之思想與個人主義之自由思想，亦有其牢不可拔之思想根底，故今日之問題，恐即在當如何調和此種種之社會要求也。

第二節　文藝復興與法律思想

西洋近世法律思想之淵源，不可不回溯在文藝復興（Renaissance）期中希臘思想之復活。蓋希臘文藝之復興，不僅在文學美術上劃一轉機，即在人生觀世界觀之全體，亦大起變化。故重自然、尊理性之希臘哲學思想之復活，對於中世時代，超自然的與神秘的宗教思想之支配，遂有重大之影響。中世時代，亦已講希臘之哲學，惟不過專以鞏固基督教會之信條爲手段。文藝復興以後，哲學已成爲發揮其獨自合理性之真正哲學，且已影響及於一般之思想。故理性之自我覺醒，由繞喜望峯而向東印度之航路及新大陸之發現，而外部眼界擴張；同時且更加其勢，宗教改革亦爲此合理主義思想所產生之宗教界事件，卽哥白尼（Nikolaus Copernicus）之地動說，亦不外同爲此合理思唯到達之結果也。

文藝復興期中，自然主義合理主義之思想，在社會觀上，爲對於理想社會之藝術的調和與幸福，所最先表現之憧憬。英人多馬斯莫亞（Thomas Moae）之烏托邦（Utopia）爲有名之理想社會觀；卽意大利康柏內拉（Tommaso Campanella）之「日輪之國」（City of the Sun），亦採同一之傾向。兩者之間，有不少共同之點，尤以其所理想之社會，均有共產主義之組織，爲最覺有趣。此則恐因受柏拉圖之影響，對於當時之現實生活，漸傾向於快樂主義個人主義之一種反動也。且在其理想社會中，學者頗被重視，尤以後者，竟謂最優越之學者爲應支配其國家之人。最後則此兩氏之理想國，均非威力之國家組織，乃可建設於一小島上，爲一和平藝術而且道德之社會生活，恐爲受古代希臘哲學之直接影響者也。

對多馬斯莫亞與康巴納拉理想國之空想意大利馬噶維利所考究之「國家之理由」則爲完全屬於現實者。馬氏嚴峻分別道德與法律，視政治之本質，全屬於經驗，以人之性質本爲惡，故治之不可不用法律與强制。依國家之理由，限於必要時，雖如何之手段，亦應加允許。卽如宗教，亦不過有其維持國家秩序手段之意義。蓋彼以意大利國家之統一爲目的，而反抗羅馬法王之權力，其徹底之個人主義與威力國家觀，係脫胎於希臘詭辯派（Sophists）之思想。故在其否認羅馬法王之教權，與理想合理國家之確立，正爲近世法律思想之先驅也。

一方避去馬噶維利政治與道德之極端分離，一方又高唱國家統一之思想者，爲法國之蒲騰（Jean Bodin）。依彼之說，國家乃基於人類之合理本性，且人之本性，亦必非惡，卽在蒲氏已現有亞理士多德式之自然法思想。君主爲實現基於人類合理本性之國家法律，不可不有其絕對之主權。此主權論者，卽反影當時法蘭西之專制君主政治者也。惟依蒲騰之說，君主之主權，乃由人民之契約所賦與，不能制限個人之所有權與自由權，尤更不能制限對於宗教自由之天賦自然權利。由此觀之，可知其已有近世個人主義之傾向。尤以蒲氏在政治方面，雖爲專制主義，而在宗教方面，則爲自由主義，對於羅馬教會之教權，實已表露反情。

正與此相反，卽在文藝復興及宗教改革期中之天主教徒（Catholic）。爲天主教之故而希望專制，同時又在政治上，鼓吹極端之自由主義，而說暴君放伐（Monarchomachen），此則亦可由當時之政治與宗教事件而說明之也。

爲文藝復興期中法律思想之最高潮，且爲近世有名之自然法論之始祖者，曰格羅德（Hugo Grotius）。依格羅德之說，人類在其自然狀態時，尙未有國家與法律。殆後人類依其社會本能而締結契約，始入於國家與法律之生活，此乃基於人類自然本性之根本契約，故卽爲自然法也。國家持有强行此根本契約之任務，就中國家之刑罰權，卽爲保障此根本契約者也。格氏因以刑罰爲對於惡行者之惡報而有名。然其刑法理論，則非絕對主義，而爲相對主義，以改善及威嚇爲目的。對於君主，似已承認其一切權力，然謂其基礎爲在人民之契約，則結局仍屬於自由主義。尤更且要求關於宗教之「寬容」(tolerance)。中世時代，本已有自然法論。惟其時之自然法論，乃出發於神之意志。格氏之自然法論，則以人類之社會本能爲出發點，與中世之自然法論，完全不同，而近於希臘亞理士多德與斯多噶學派 (Stoice) 之思想。且格氏欲以自然法論確立國際法，所謂海洋之自由戰爭之權利等，均爲格氏由其自然法思想所引出之國際法上之原則也。

第三節　啓蒙時代之法律思想

文藝復興期中之自然法思想，其後更益形發展，而顯出啓蒙期自然法之全盛時代。其思想衝動，以由伽俐略 (Galileo) 開普勒 (Johannes Kepler) 等物理自然科學之發生爲主；以物理自然科學中精密之數學方法應用於法律及國家之觀察，而求確立可應對自然科學之自然法學也。實則自然法論，乃由自然科學付以方針之法律體系論，而可視爲法律之自然科學。

此種理想之趨勢，在十七世紀中生出自然法學至十八世紀之啟蒙時代，則其思想已普及一般。其思想之根本動機，與文藝復興期無若何之差異，以合理主義個人主義爲根據，而自然主義功利主義之色彩漸加濃厚，且脫離教權之解放，已一應實現。故在此期中，所謂國權者，遂成爲問題之中心。惟雖同爲根據於相等之合理主義與個人主義，然又分爲要求國權强力統治，絕對主義之思想與對於國權統治，尚須留有個人自由範圍之自由主義之思想，而形成自然法學中之兩種傾向。

（一）第一、在絕對主義之自然法學者，以英國之霍布斯（Hobbes）爲代表。霍布斯之自然法論，全在物理的自然科學之結晶（spar）內以自然科學之機械的數學的見解，觀察所謂國家爲「人爲之物體，」謂國家決非成立於人類之社會本能。人類之本能，寧爲利己之物。在自然狀態中，人類已完全有其滿足利己本能之權利，然結局非陷於「一切對一切之爭鬭」不可。人之理性，已發現似此爭鬭之狀態，並非所以能滿足求各各自己保存之欲望，在此情形之下，人類遂拋棄其天賦之個人權，而成立國家，負擔依法律而保護個人利益之任務。即霍氏之思想，乃根本屬於個人主義功利主義，以國家爲專爲保護個人利益之機構也。然國家爲遂行其任務，必須有强大之威力；且其威力，對內對外又非一手掌握不可，此又爲霍氏之思想採取絕對主義之契機。蓋國權本成立於人民之契約，故一旦國權成立之後，則非絕對的不可。例如所有權之成立，須由國家承認。即如宗教因政治之利益而加以限制，亦爲當然之事實。故國教爲正當（此爲反對天主教之意義）主權之絕對，無論在任何政體，均非相同不可，而尤以君主政體，爲最完善之政體。

霍氏思想之影響，已及於斯賓挪莎(Spinoza)。斯賓挪莎之思想，亦在數學機械之思想圈內。惟其傾向個人主義功利主義之程度，並不如霍氏之徹底；乃在斯多噶學派影響之下，而帶有社會倫理理想主義之色彩。蓋斯賓挪莎與霍氏相同，承認人類在自然狀態，爲爭鬭狀態，因理性而締結契約，而成立國家，與國家非有其絕對之主權不可。然其政體，則非君主而爲民主之理想。且謂爲國家之和平，必須有一定之宗教。惟思想言論，則不可不完全自由，卽斯賓挪莎之絕對主義，較之霍氏已有顯著之和緩。且其承認思想之自由，以爲人民者爲使之從其理性之故，僅在感覺的和平利益以上之理性，及倫理之理念，而奉仕國家而已。

與斯賓挪莎同受霍布斯影響之自然法學者爲蒲芬道夫(Samuel Friedrich von Pufendorf)。蒲芬道夫尤多借助於格羅德，以人之第一次本能爲在自己之保存，爲滿足自己保存，遂有國家之必要，似已將霍布斯與格羅德二人之思想，兩相結合，謂國家仍爲契約所產。然此並非如霍布斯之絕對，猶謂因事情則有「革命權」。惟其思想，則大體上傾於絕對主義之君主制，而支持德意志之統一。

德意志在蒲芬道夫之後，由多馬秀斯(Christian Thomasius)，華爾夫(Christian Wolff) 等學者，自然法學之思想，已一般普及。多馬秀斯思想中之最顯著者，爲政治法律及道德之分離，視法律爲純粹之外部規律。華爾夫之出發點，則爲快樂的功利主義，惟以「完成」之思想爲中心，謂國家須努力於社會之啟蒙與完成，實一代表所謂開明專制主義之理論家也。

（二）以上所述，均爲傾向於絕對主義之自然法學。與此相對者，則爲採取自由主義傾向之自然法學。可視爲此派之出發點者，爲英國之陸克（John Locke）。陸克反對以國家及法律付其基礎於宗教，而主張基於理性，對於個人生命自由財產之權利，即天賦之基本權。只此基本權之觀念，後遂成爲法蘭西革命之指導思想。因對基本權之侵害，而生出刑罰。惟刑罰若由個人自己執行，則必現出一般爭鬭之狀態，故不可不委諸國家之權力。國家成立於契約，而人則非由契約而拋棄天賦權，乃爲保護天賦權而締結契約。蓋對於生命自由財產之天賦人權，乃一不可拋棄之物也。陸克又主張信教自由，與政教分離。謂國家若不能盡確保天賦人權之任務時，則當發生革命權；而在國家，又務須極力避去革命。由此故政治權權分立論，卽脫胎於陸克之思想者也。

要。其立法權之最高權，則應屬諸人民。故下段所述孟德斯鳩（Montesqueiu）之三

力須統一，惟在行使方面，爲防止濫用起見，又有分開爲立法，執法，及外交權之必

霍布斯絕對主義之自然法論，其影響及於德意志。反之，陸克之自由主義，則其影響及於法蘭西。此蓋由於在德意志方面，當時封建階級之勢力尙强固，急急求確立統一之國家。反之，在法蘭西方面，則因國王之權力，直已達其最高頂點，專制政體，已成爲新興市民階級所不能堪忍之仇敵之故也。在法蘭西採入陸克自由主義之思想者，爲孟德斯鳩。孟德斯鳩謂法律之精神，根源於人民之精神；而人民之精神，則爲歷史發達與地理條件之產物。由此見解，彼遂試行硏究各國法制之比較，而爲比較法學之先驅。彼以最自由之政體，爲最完善之政體。此則以英國之政體爲模範，且將前述陸克之說，稍加變更，分爲立法，司法，與行政之三權，以此屬諸各別機關之權限，而爲保障人民自由之理由。此卽爲三權分立論，乃影響於

近代公法思想之最深者也。自由主義之法律思想，至盧梭（Rousseau）時已達其極端，一轉而將人民之意思化爲更絕對，而成爲民主主義。卽盧梭徹底發揮陸克與孟德斯鳩之人民主權論，終而至發出在人民以外更有如何其他權力之質問。蓋人民固不能自己實行其意思，然實行人民意思之機關，對於人民，則不能認爲有獨立之性質。在此理論上，盧梭遂由人民主權之思想，否認三權分立，而主張以人民總意爲最高，爲自由主義與民主主義互相矛盾之處也。依盧梭之說，在自然狀態之人類，一切均爲自由平等，享有其理想之幸福。惟殆至住定一定之地域後，遂發生社會的關係。且爲規律此社會的關係，遂不得不思所以締結「社會契約」。蓋在盧梭，以爲社會契約者，比之謂爲歷史事實，寧爲一種倫理根據之所要求。惟社會契約，既係締結於人民之總意，則結局人民總意所結合之物，卽不可不爲真正之法律。蓋人民總意（volonté générale）者，乃有其完全之主權，除人民總意之外，無所謂國權之物。由此盧梭遂在宗教上，承認國教之正當。不過其民主絕對主義之程度，到底不如霍布斯君主絕對主義之絕對，常基於自由平等之原理，法蘭西革命之標語，爲「自由平等、友愛」者，卽承盧梭思想之處也。

盧梭之自然法論，已將當時自然法論中，個人主義之傾向打破，其「總意」之概念，畢竟已爲胚胎社會思想，比較接近超個人主義一步之物。雖出發於保護個人利益爲目的之契約，然因支持此契約總意之概念，遂至承認社會獨立之意義。不特此也，且在盧梭以前之自然法論，雖爲基礎於個人合理之思唯，而盧梭之自然法論則基於欲求自由平等之强烈情意；且此又非單獨之個人情意，而爲人民之總意，卽共同之情意也。此則由後來德意志理想主義之哲學而益加發展。盧梭正爲啟蒙期中自然法論之自然主義的機械的法律思想，與道德的理想主義的法律思想之連絡也。

第四節　德意志理想主義之法理學

如希臘詭辯派之啟蒙思想，由正統派（classical）之哲學而益加深造，十八世紀之啟蒙思想亦由德意志之正統派哲學而益加深造。蓋希臘之古典哲學，在某種意義上，似爲詭辯哲學之繼續，德意志理想主義之哲學，亦爲十八世紀啟蒙哲學之繼續。卽德意志哲學，在否認思唯以上之權威，亦與啟蒙思想相同。惟加深其思唯之意義，卽已超越僅傾向於個人快樂論效用之思唯，而以追求普遍理想之真理性爲基礎，由感覺的功利的思唯，而提高至道德的文化的之思唯也。

以上所論，尤以在國家與法律之思索，更現出顯著之變化。國家與法律早被視爲不單爲追求幸福之手段，而有其道德文化意義之生活領域。卽法律與國家，已非依於個人之自然要求，以物理上之必然而成立，乃對於道德目的，自由意志所決定之產物。蓋自然法論，已將法律政治由宗教之束縛而解放。德意志理想主義之哲學，則更將其由人類之感覺的自然而解放之，而將政治法律置於倫理基礎之上也。然法律與道德之本質之差異，亦未被忽略。不，且法律與道德，在倫理上成爲對立之事實，實卽胚胎於此期之思想。而此道德與法律槪念峻別之結果，關於法律哲學之法理學，遂確立其一種獨自之學問體系。此則對於德意志理想主義哲學之代表，同時且爲法理學建設者之康德(Immanuel Kant)，菲希特(Johann Gettlieb Fichte)及黑格兒(Georg Wilhelm Friedrich Hegel)，不可不一述之者也。

康德之法理論，與其道德論相同，均爲在倫理學之一領域。蓋康德嚴峻分別自然世界與倫理世界，力說在倫理世界，不可不視一切人格爲自己之目的。且謂人爲理性之物，不可不自己規律，由此國家亦不可不基於倫理之自由精神。彼又分別道德與法律，謂前者爲關於人之內部之動機，後者則專爲外部行爲之規範。而道德與法律，如何密接，則由其在刑罰論上，採取道德報應主義，卽極明瞭。卽康德以爲刑罰不外爲與人類道德意識以滿足之報應而已也。康德法理論之根底，爲正義之理念，謂「正義失去時，則人類已無生存地上之價值。」對於正義原則，如何實現，則彼又採取國家契約說。此乃繼續自由主義自然法論之思想，所異者，惟在求其基礎於倫理之理性也。康德謂正義爲不僅限於一國之內，即國家與國家間，亦不可不行之物，而說「永久之和平」。由此遂以爲人類歷史之發達，乃在各國之平和聯合。國際聯盟之思想，可謂在康德時，直已發現。康德之法理學，其內容早已成爲無用之物，惟其批判主義之方法與基礎理念，則爲促進最近法理學復活之動機。

菲希特之法理學，尙書以「自然法」之名稱。因在康德影響之下，故其內容似爲徹底行康德所有之道德與法律之區別，結果卻與康德以前之自然法學相近。例如：就刑罰而論，不採用康德之道德報應主義，而採取自然法學說相對之威赫主義。惟付其法律根據於正義之理念，則與康德相同，均採取契約說。而在政治方面，主張自由主義。然雖與康德同立於人類之立場，而其國民思想之色彩，則極濃厚。在經濟方面，理想鎖國國家社會主義之强制經濟，始則謂精神文化之創造，並非國家之任務，惟殆後則又謂道德理性之教養，乃國家之最高職責。

黑格兒爲十九世紀一般思想界，尤其是法學思想界，受其影響最深之哲學家。其法理學之出發點，與康德相同，均爲道德理想。其視道德與法律爲如何之密接，則由其以刑罰爲道德根據上必然之報應，即可明瞭。惟黑格兒之道德理念與康德各異其趣。即康德以人格爲道德完成之目標，反之，黑格兒則以國家爲道德理性之最高實現。蓋依黑格兒之說，國家爲人類道德上自由所發展之客觀精神。故今日之法理學，其人格主義與超人格主義之議論，遂有康德與黑格兒不同之歷史淵源也。黑格兒在政治方面，採取自由主義之意見，惟其國家至上主義之思想，則出於當時欲依布來森州而維持國家統一之動機。在康德之說，理念與現實，完全分開。自由之理念，不過被視爲無限之課題，在黑格兒則以爲即存在於現在，即客觀精神之國家，「一切合理之物，均爲現實；一切現實之物，均爲合理。」此爲黑格兒之名言。其思想方法，以爲由理性而批判現實，寧在現實而見理念，以發現現實與理想之調和。此力說現實與理想調和之黑格兒之哲學，一方旣以保守主義以基礎，他方又成爲發生如馬克斯（Karl Marx）唯物史觀極端革命主義思想之契機。雖一見似令人稱奇，而實則有其深藏之理由在也。

第五節　第十九世紀之法律思想

黑格兒之思想，乃表現注重歷史傳統及其精神之浪漫（romantic）思想於哲學方面者也。蓋十九世紀之初，對於法蘭西革命之反動，卽在法國方面，亦可見傳統主義之勃興。德意志亦在其歷史與傳統方面，導於追求美麗神聖之浪漫思潮。在此傾向之下，故法律學由受謝林（Schelling）哲學影響之薩維尼（Savigny）與坡他（Puchta），遂始創歷史法學派。此派之法律學者，排斥自然法論者之抽象思辯，以法律歷史之發達，尤以羅馬法之歷史的研究爲基礎，而討論經驗的之法律現像。其促進法律之歷史的研究，不僅爲十九世紀法律學上之重要貢獻，且對於法律之思想亦已爲之一變。其思想之要點，第一、以法律比之如語言，爲生成之物，僅由其生成之歷史，卽可得而了解。此則動輒恐陷於視法律爲不許人爲改革之消極思想。然又謂現實之法律，非僅在肆意之現象，乃有了解文化現象之意義。第二、則以法律爲國民精神之所產，乃有機發達之物，此卽對於自然法論普遍合理之見解，而力說歷史的非合理的之要素，有了解法律具體妥當性之意義者也。

惟近世之法律思想，理智覺醒之國民，已開始理想脫離宗教束縛，求國民國家之建設。而此類之解放，在十七八世紀時，已一應達其目的。同時在國民國家之內部，亦已現出治者階級與工商市民階級兩相對立之現象。惟政治支配與市民階級之利益，必不限於兩相對立。在某種程度時，亦有不少互相一致之事實。此卽啟蒙時代之自然法論，分爲傾向於絕對主義與自由主義之原因也。然至十八世紀之末期，自由主義之傾向，極佔優勢，而釀成法蘭西之革命。結果市民階級之利益，更形濃厚，而實現於國家之政策。已感再有維持國權與秩序之必要。此時雖已入十九世紀，且已以自由主義爲基礎之論調，然對於國家與法律之過事流動，而生出反對之傾向。德意志理想主義之哲學，卽屬諸此，而浪漫思想與傳統主義，則又爲其中最顯著之表現。若乎歷史法學爲屬諸同一之思想潮流，想已可無待吾人之再述。蓋屬於古代市民法律正統羅馬法之研究與適用，乃最適於調和當時之權威與自由之一種社會生活之要求。故黑格兒以存在之物與合理之物，互相一致者，亦可由此意義而理解之也。法蘭西之孔德(Auguste Comte)提唱實證主義，若言社會現象，雖求處之以自然科學之方法，實亦動機於社會生活之安定。惟其思想根據，則非求諸傳統主義之宗教的形而上學的之權威，乃求之於實證之社會生活也。

十九世紀之正統法律學，以羅馬法爲取材，以市民之自由爲前提，而承認國家權力之絕對。卽自由主義與保守主義之思想，一時發現其調和之作用者也。公法之理論，已形成以主權爲中心概念，其正統思想，則以法律爲主權國家之命令，私法上，則以國家立法爲最高法源，限於國家立法之所不存在者，則依普通之習慣，以神聖之習慣法補之，而其解釋作用，則以羅馬法之歷史研究爲主。此乃十九世紀法律學之正統方法，內容以所有權之絕對與契約自由之原則爲最高要求，是卽爲市民自由主義法律學之表現。而以屬於市民之羅馬法，爲其最完善之材料供給也。似此之法律學至十九世紀之後半期，國家之立法已完備，且殆已用其解釋而行事。歷史之研究，除用爲一種裝式之外，已無多大意義。實質上不外僅以制定法之成文規定爲材料，由概念的與論理的而整理構成之而已。

第六節　社會主義時代之法律思想

然在十九世紀之經過期中，歐洲之社會生活，更發生深刻之變化。此不待言由產業革命普及之結果，大企業在產業上，已佔有絕對重要之地位，而生出屬於資本家之市民階級，與無產勞動階級之對立。蓋最初勞動者之悲慘境遇，僅能促進市民階級慈惠之設施。然大企業之愈加重要，同時勞動階級之社會勢力，亦不得不隨之而益形擴張。此爲今日尚繼續發展之現代社會生活之變化，其表現於思想方面者，卽爲社會主義故在此附有社會主義理論基礎之下，勞動階級之社會運動，已了解其一切之要求。而其思想運動，亦自十九世紀後，成爲政治上之一要素，佔有莫可與爭之地位。對於社會主義與社會運動之歷史，本書可無詳細說明之必要，惟其對於法律思想之影響，則不可不一述之。

社會主義之自身，可視爲一種法理之主張，以個人之平等生存與幸福爲出發點，此則立於個人主義之原理上者也。故制限一切有害個人平等之自由而强行經濟生活之社會管理。初期之社會主義，高唱人道之社會理想，在從來國家之秩序下，出現促進保護勞動者立法之運動。此卽爲歐文（Robert Owen）等之思想。然類此之要求，至十九世紀之後半期，已漸次實現。殆後社會主義，基於社會科學之認識，在其法則的思唯之下，已明白了解以固有之國家秩序，到底不能完全解決。結果，遂根本否認從來之國家秩序，而主張社會革命。然社會主義者，終非有否認國家秩序之思想，蓋雖欲傾覆從來之國家，而如其所理想之社會組織，亦終非可無須權力統治而行之事實。否，實寧由市民國家强行權力統治，爲屬有可能性質。似此，則又不外依然爲國家也。惟科學之社會主義，雖理想超越國民國家，而建設國際勞動階級之國家，然國民主義，乃一不易超克之主義。故至少在目前之現在，社會主義，已不外以勞動階級支配之國民國家爲目標也。

社會主義對於經濟生活之理想，爲以生產手段之資本爲社會所有，卽資本之社會化公有化也。共產主義，爲社會主義之本質的理想，而其已稍具體化之社會主義之法律要求，則爲閔高(Anton Mengor)所說之生存權，勞動權，與全勞動收益權之三者。卽一切人類，不可不擔保其生存之最少限度；一切可勞動者，不可不與之以勞動之機會；且由勞動所得之收益，亦不可不將其全部歸之勞動者。

不獨否認市民國家之組織，而且否認一切國家之統治者，爲無政府主義。無政府主義與共產主義相同，均認識私有權產，然在其否認一切之權力統治，則亦在同一之見解，此則與社會主義根本不同之處。故兩者雖均立於個人主義之原理上而社會主義則徹底傾向民主主義。反之，無政府主義，則可謂已推進至自由主義傾向之極端。

以上所述社會上思想上之變化，即在法律學之領域，亦已起反映作用。蓋屬於歷史法學末期之實證主義之概念法學，已不能滿足變化之社會生活，而現出建設能適應新社會生活之法律學之努力，代表此傾向之法律學者，即德意志之延陵(Rudolf von Jhering)，敲拉(Kohler)及斯丹拉(Stammler)是也。

延陵與敲拉，均出發於法律歷史之研究，尤以延陵更曾專力從事研究羅馬法之發達。惟其目的，則僅爲歷史事實之考證，且注重歷史發達之社會動機。「羅馬法之精神，」即其成績。在類此之研究中，延陵更以「社會目的」爲法律發達之普遍動機，而以此爲中心思考，漸次離開歷史，專在體系上，試行法律純理論之考察，即彼所著之「法律之目的」是也。蓋欲由社會目的以理解法律之延陵之思想，對於徒被拘束於制定法理論之法律實證主義之法律學，已與以一新思唯之動機。故一切所謂社會法學者，大體上實發生於延陵影響之下，欲由社會學之觀察，以豐富其法律學之内容也。尤其在晚年時代之延陵，指摘概念法學方法上之錯誤，關於法律解釋，有導於所謂自由法運動之貢獻。

對延陵出發於羅馬法之研究，敲拉則以爲對於世界各民族之法律發達，均有加以比較觀察之必要，而努力於人種學比較法學之工作。然敲拉並不能以單純歷史事實之認識爲滿足，且欲發現在法律發達過程中之普遍原則。故所謂「法律爲文化現象」之命題，卽敲拉之所提唱者也。因其爲文化現象，故法律爲普遍精神之表現。在此，敲拉則求其哲學根據於黑格兒，以新黑格兒派自任，運用其豐富之比較法學之材料，而試行關於法律及其基礎概念法理學之思想。此則雖尙不能脫去經驗主義之拘絆，然在近代之法理學中，亦不失爲内容最充實之一體系也。

延陵與敲拉，均不特出發於歷史之研究，卽其體系之思索，亦難免囿於歷史之認識對此經驗主義之傾向斯丹拉則要求實證法律與正法律之區別，而求依康德之批判主義，以闡明法律之概念與理念。惟由實證法律之認識，乃不能發現何者爲正不正之判斷。正法律僅導源於社會思想。依斯丹拉之說，則社會思想，爲「自由意欲之人類共同社會。」惟正法律，並非由社會理想所演繹而成之永遠自然法，乃因時間與空間，而不可不爲「內容變化之自然法。」而社會理想對此，不過與以若干原則上之要求，此卽斯丹拉有名之「正法論」之要旨也。其他各種之研究，結局亦不外在此體系上，發展其根本思想。由斯丹拉而新康德派之法理學勃興，二十世紀初期之法理學，均各各受有其多少之影響。尤以其所有社會主義之思想，卽在最近之社會主義理論上，亦受有重大之波及，乃一極可注意之事實。

以上所述之法理學之思唯，卽在法律學之自身，亦已受其影響。就中開最近法律學之新生面者，爲自由法論。蓋自由法論，乃排斥從來在理論方面採取成文法之概念法學而求適應新社會要求之自由法律認識之一種方法運動。此運動，起於有古成文法之法蘭西，傑雷(Geny)與薩雷耳(Saleilles)，卽其領袖。傑雷謂成文法有缺陷，須補之以「自由之科學探究」—薩雷耳則謂寧依成文法自身自由之解釋，以調和法律與社會之乖離。蓋自由法論，在延陵與敲拉時，已開其端，故至法蘭西自由法之發起，卽在德意志之康吐路威玆(Kantorowicz)，亞耳力喜(Ehrlich)及其他屬於社會法學法系統之學者，亦起而非難從來之概念法學而求依社會學之認識，以補其缺陷。此乃社會法學與自由法學兩相接觸之點也。惟同時對於從來法律學主智的論理的之態度，則自由法論有主意的倫理的之傾向，與新與理想主義之法理學，亦有一脈相通之處。而在其以認識適應新社會生活之法律爲目標，則又爲反映最近之社會思想者也。

在法蘭西之所謂社會連帶(solidarité sociale)者，由前世紀之末期，至現世紀間，已由多數之學者主張之。特爲吾人所素知之社會連帶論者，則爲鮑爾佐斯

(Léon Victor Auguste Bourgeois)。惟社會連帶之思想，在鮑氏以前，早已成熟。如經濟學者昔多(Charles Gide)反對一切個人主義經濟學之思想，而以「社會協動」爲經濟學及經濟政策之基礎。社會學者杜基(L. Duguit)則基礎於互相依存之事實，而討論法律。總之，均爲對於十九世紀個人主義之反動，同時且避社會主義所要求之社會革命與極端之社會統治，而求與自由主義之社會組織相調和也。就中杜基更否定「權利」之概念，試行由社會職能(fonction sociale)以說公法私法之全體，對於以「主權」及「所有權」爲絕對者之從來法律思想，而闡明依客觀法律所存在之制限，在法律思想史上，實佔一重要之位置也。

世界大戰，與社會主義之法律思想以一種進展之機會，乃人所共知之事實。德意志革命憲法第一五三條之「所有權者，隨有義務」等，卽爲其表現於立法之一例。若乎蘇俄，則已不待言，更從大規模上，行其社會化共產化之事實。雖然，所謂一九二二年之新經濟政策實施後，對於從來之市民法律，已略有讓步。然在法制上，則仍有其顯著之特色。現因不能將其一一說明，故由社會主義之根本思想，卽民法亦帶有公法之色彩。對於財產，其由社會統制之精神表現頗强。依其新民法第一條，「私權在不行使於反對社會及經濟目的之界限內，得受法律上之保護。」卽對於所有權，除爲公有化之外，尚承認有幾分個人之性質，惟其範圍則制限極嚴。其他在損害賠償結果之責任主義，及承繼財產之限制等，各方均爲社會主義之性質。此外則最可注意者，爲在法律之解釋與適用上，裁判官可於廣大之範圍內，依「社會主義之法律感」而判斷之，則爲已超越從來一切自由法論之主張者矣。

第七節　世界的法律秩序之發展

迄乎今日，一切所發達之法律秩序，概爲國家的法律秩序，卽極限於國家統治之法律秩序也。尤其以國家主權爲一切法律規範之統一淵源，乃近世法律思想中不可動搖之基礎觀念。故或則高唱「個人主義，」或則力說「社會利益」

者，究竟其意義，亦不過爲節制國家主權觀念之思想也。

然對此以國家爲中心之法律秩序，則又有超國家法律秩序之存在。且至現代，更不可不承認其已有急速之發展。蓋超國家法律秩序之發生，古代已可見其萌芽。中國之春秋列國間，與希臘之都市國家間，均已存有一種「國際法」之規律。卽羅馬帝國之萬民法，亦已有今日「世界法」之性質。至於中世，依羅馬帝國之傳統，與基督教會超國家之權威，至少在思想上，亦已有一種世界法律秩序之存在。然由中世以前至中世時代之超國家法律秩序，依其非以全人類爲對象之一點，則尙不能謂爲有眞正意義之「世界的」法律秩序也。

所謂眞正之世界法律秩序，首先實現於「國際法」。固然，當國際法發生之初，比之謂爲世界之法律秩序，亦寧不過爲歐洲諸國家間之法律秩序。抑爲歐洲諸國，脫離中世羅馬法王至少在思想上爲最高且爲世界的之支配，確立其已有獨自「主權」之地位，以據一定地域之國民爲主，而基於其經濟現實生活之需要，能支配及保護其統治下之國民社會生活，尤其是經濟生活者，則爲「法律」。惟此對立於地域的之諸國家，在其相互關係上，又必有某種法律秩序之必要。蓋此諸國家，雖有其獨自之經濟生活與法律生活，而其間亦不能不承認其有文化交通之需要。故由此必然之要求所產生者，卽不外爲「國際法」也。殆後交通發達，而其適用之範圍，遂普及於美洲與東洋，終而達到形成眞正意義之世界法律秩序。

近世國際法，爲在近世地域的國民的國家並立之下，一種必然之文化產物；乃基於有主權之國家，在其相互關係上，尚不能不服從某種法律規範之必然要求也。故在此意義上，視「國際法」爲基礎於「自然法」之物，亦非完全無理。且自然法之思想，實與近世國際法之發達以最豐穰之結果。然一入十九世紀之後，國家絕對主義，風靡一世，且將一切法律付諸國家之意思與强制，以法律爲國家之意思，僅由國家之强制始能擔保。同時且因實證主義思想之勃興，自然法之概念，遂被排斥。卽國際法亦被視爲須由國家間之合意而始有其效力，甚至竟完全否認其法律性質。

在此狀態之下，國際法之權威，當然不能不令人懷疑。不僅其權威可疑，且因世界大戰，卽在其實際上之無力亦已痛切暴露。然此決非國際法世界法律秩序之最後末日。在戰時及戰後，對於國際法，更表現一層深切之要求。凡爾賽之和平條約，及基礎於此條約而組織之國際聯盟，常設國際司法裁判所，卽其表現。且依國際聯盟關係之各種國際會議，已有多數法規性質之條約締結，此卽爲國際法律關係已有顯著發達之意義也。蓋國際聯盟，固未達到其世界共和國之理想；且國際司法裁判所，亦未達到充分行使其作用之程度，然今後由此類之組織，國際法律秩序，大概將漸次具體化，而且漸次確實，則爲一可預測之事實。

在理論方面，現在之國際法，亦多被視爲離開其所支配國家之意思，而有其客觀上之效力。卽已如敲拉以「文化法」爲新意義之「自然法，」而說世界人類法之國際法之存在，故至近世，則尤其如費特路斯（Verdross）基礎於國際法，而統一觀察全法律之秩序。視國家之主權，不外爲在國際法律秩序之權限內。在此影響之下，凱爾森（Hans Kelsen）遂將「主權」之性屬由國家而移諸世界團體，以說國際法律秩序之優越性。

隨國際法律而發達之超國家法律秩序之自覺，當然與國際私法、國際刑法，以根本變革之命運。蓋在多數國家法律秩序對立之今日，關於效力範圍，有互相限定之必要，固不待言。然關於其界限，從未存有超國家之法則，國家法律秩序，僅自將其效力範圍限定，其法則卽爲國際私法與國際刑法等是也。由是，其間遂不免有矛盾衝突。加之國際交通逐漸頻繁，同時遂更顯出種種之困難。故對此之救濟辦法，恐僅可在關於國家法律秩序之界限，成立一種真正意義之國際法規，爲屬有可能性。

國際法律秩序之發達，不僅變更「國際私法」之性質，且有將現在各國內所行之法律秩序，至少在某部，變爲全然世界統一，而有「世界法」性質之可能。其既見諸實現者，爲由國際勞動機關所聯合成立之國際勞動立法。此則因由最近產業狀態變動而生之社會正義，爲世界共同之問題也。然世界之共同立法，決不僅止於勞動立法，有技術性之商法，尤其契約法，亦可信有將變爲世界法之可能。且卽如有倫理性質之刑法，其各則之某部分，及其總則之重要部分，亦必有世界法化之傾向。故結果將來之國家法律秩序，亦恐將被融合於世界法律秩序之內。然此乃尙距離甚遠之事，實現在僅作一種之預測而已。

第八節　日本德川時代之法律思想

日本之近世時期，始於德川時代，前已論之。德川氏之法制，其外觀雖維持中世時代之封建制度，而實質則爲國民國家，以統一爲目標之警察專制政治。家康以後，文教之獎勵，漸次啟蒙庶民。同時市民階級之經濟逐漸發展，而在思想上，遂有顯著之現實的與功利的之傾向。政治上，則經濟要素之重要，由統一的保守的國家觀庇蔭之下，而露骨表現。惟基於個人主義之自由主義，與民主主義之思想，尙未現於日本，則與西洋近世不同之處也。

中世佛教之宗教勢力，在德川時代，已不可復見。代之而支配思想界者，爲比較現實之儒教道德主義。就中被選爲官學之朱子學派，在德川三百年間，均視爲正統儒學，已培養其思想之根底。朱子學派之代表學者，爲藤原惺窩，林羅山等。惺窩承朱子之說，而說天理，以理之具於人心，而尙未應世者，謂之爲性，順性而行爲天道。至羅山則受幾分王陽明之影響，而說理與氣之一元。故兩者之間，雖其說稍異，而重理則一。依其見解而說日常之道德，且在社會，教以尊重君臣之分，此乃基於保守主義之傾向者也。又如羅山鮮明排斥佛教，尊重神道，謂神道卽正道，在理上與儒教相同。

次朱子學派而起者，爲陽明學派。陽明學比朱子學主觀傾向較强，以精神生活爲基礎，而求其眞理於實踐之行動，以心卽理，知行合一，致良知爲綱領。而其宇宙論則爲理氣一元論日本之以陽明學而成名者爲中江藤樹，熊澤蕃山。藤樹爲純道德主義者；反之，蕃山則專重政治事功，仕於備前侯，而舉其實績。其次則在陽明學派中放一異彩者，爲革命兒大鹽中齋。中齋之哲學，爲主觀之理想主義，卽在我之方寸，可見天地之太虛，其對於社會倫理之熱情，則在天保饑饉之際，志在救卹窮民，請於東町奉行跡部山城守，不許，卒至起亂而敗，火其家而自焚。

德川時代之儒學，由古學派之勃興，已成就最特色之思想發達，且爲法律思想之重要貢獻。蓋古學派非如朱子學派陽明學派，祖述宋明之學，乃直學孔孟之道，而欲將其應用之於日本者也。山鹿素行可爲此派之先驅。至伊藤仁齋與荻生徂徠，則已達其全盛時代。仁齋排斥朱子之理氣二元論，而採氣之一元論；謂理不能與氣並立，不過爲氣中之條理而已。惟已受陽明學派之影響，尚爲體驗主義之哲學。由此見解而喝破道卽仁義，已欲由理論而解放道德。故依仁齋之說，則政治亦宜以道德爲本，如：「自古論治道者，或以爲可以智巧才力致之，或以爲可以良法善政致之，皆淺近之言，不足深論。夫政以德爲本，以識補之。……」又曰：「學者始志於經濟，流爲制度文爲之學；始志於事功，流爲權謀揣摩之術，而於道德之本源，則反以迂闊名之。」由此卽可見其道德之政治觀矣。

荻生徂徠雖同屬於古學派，而與仁齋則完全相反，高唱功利主義之政治學說。蓋徂徠以道爲禮樂刑政，爲先王之所制定，卽彼以實證之法制爲道，是則與仁齋以道德爲仁義，根本不同之處。故彼排斥子思之「率性之謂道」之自然法思想，以道爲全屬人爲之治民方法，明爲實證主義與功利主義者也。其所著之「政談」與「太平策」內容多係祖述其政見，故可爲日本開明專制主義範圍中之實際政策論，乃一可注意之文獻也。徂徠尊重先王之道，殆多出於俾屈崇拜之態度。然如其：「雖非先王之道，凡可利人救民者，皆謂之善，」則又寧有近於商鞅韓非之霸道主義矣。其門下之大宰春臺，則又比徂徠更明確序述經濟政策，而講全然功利主義之道德觀與社會觀。其所著「經濟錄」之序文曰：「孔子之道，卽先王之道；先王之道，卽治天下之道；先王之道，在六經。讀六經，學先王之道，而不達經濟之術，譬之醫者之學經方，而不能治人之病。」其經濟錄第八卷之「法令與刑罰」則又爲威力主義之法理論也。

最後在日本德川時代之思想，不可忽視者，爲日本國文學之復興，經荷田春滿，賀茂真淵，而至本居宣長，平田篤胤，不單爲古典之研究，亦不止爲文學之復興，乃屬於一種思想運動。在宗教則復活神道；在政治則高潮國家統一之思想。故明治之維新，思想上，受此日本國學之影響極多。宣長之思想，富於宗教色彩，以世界爲創造於神之心。人之任務，爲實現神意，而重祖神之祭祀。同時將其付結於社會統治上，至於下民，則教之以天皇之大御心爲心，而可畏其命。篤胤亦頗富於宗教色彩，致力於祖述神道，以神道爲萬國之道，而顯出將神道由屬諸國民者，而回轉爲屬諸世界屬人道之傾向。

第九節　日本明治及明治以後之法律思想

日本一入明治時代，歐洲文化如狂潮捲入。與此同時，掀起思想上之第一波瀾者，厥爲尊重日本從來之國權統一之傾向，與移入之歐洲自由主義與民主主義之互相矛盾。此則爲明治初年，政治思想醱酵之要素也。固然，其中依明治之政府，掌握政權者與失墜權勢者之抗爭，亦恐爲其動因之一。然在思想上，國權派與自由派，保守派統一派，與進步派民主派之抗爭，已由政治上憲法之制定，議會之開設，一應解決。惟在法律思想，則其後竟以種種之形式，而表現其對立之狀態。

國權統一之傾向，在公法上極易採入主權論。故以君主爲主權者，在日本之憲法學上，已成爲正統之思想。穗積八束博士與上杉博士，卽爲代表此方向者。尤以上杉博士，更明白承認天皇之意思爲絕對最高意思。同時且以「國家卽最高道德」黑格兒派之哲學思想，而付國家生活以一種基礎。筧博士則更進一步，以「古神道」之思想爲根據，似已置其基礎於宗教，以天皇爲現在之人神。惟其「普遍我」之思想，則仍恐多脫胎於黑格兒之哲學。其統一國家思想，亦與上杉博士相同，惟上杉博士似較屬於合理主義與威力主義，頗有進步之要素。反之，筧博士則較近於浪漫主義與宗教性質，比之上杉博士，亦富於保守之要素。

在公法上代表民主主義之傾向者，爲美濃部博士。故參閱上杉博士與美濃部博士二人之憲法爭論，卽可見統一主義國家觀與民主主義國家觀之矛盾。然其理由上之爭點，就主權之所在而論，上杉博士則謂主權屬之天皇，美濃部博士則謂主權屬諸國家。上杉博士極力以天皇爲統治權之主體，美濃部博士則以天皇爲國家最高機關；而其思想之根據，則爲尊重由國權統一之統一主義，與尊重人民意思之民主主義，兩相對立也。

明治時代之正統理論，不論在公法私法，均以法律爲國家或主權者之命令。此固爲十九世紀西洋思想之所移植，然亦因與從來之國家觀，有最適宜之調和也。可是在民法及其他法典未編纂之前，以自然法論爲採入外國法律思想之契機，似已經過相當之歷程。惟至明治二十三年，模倣法蘭西民法而起草之民法草案（日本舊民法）成就時，採取自然法之思想者，（多屬法蘭西系之法學者，）要求須將其實行。反之，尊重歷史傳統之一派，（多屬英國法系之學者，）則極力反對，而主張延期。結果舊民法之實施，卒被延期。至明治三十一年，現行民法成立，始見諸實施。惟一旦民法成功之後，自然法論，卽漸見衰退，而法律實證主義之命令說，遂得專行一時。是則一見似爲莫可理解之事實，而實則不外表示一種法理思想，如何反映實際要求之好適例。法典編纂完結，同時自然法之思想，亦失其效用。結果有專置其基礎於法典解釋學之必要。

代表主權者命令說之私法學者，爲富井博士。其思想之如何，在其所著「民法原論」之緒論中，已詳細述之。及後德意志之法學，對於日本，竟起顯著之影響。當時日本所移入之德意志法學，爲法律實證主義時代之概念法學，故命令說依然盛行。命令說雖爲統一國權主義之法律觀，然原屬羅馬法系統，以受近代自由主義所洗練之民法，而行其繼受立法之民法。故其內容，如所有權之尊重，與契約之自由等均爲個人主義之思想由是其忠實之理論解釋，在大體上，可見在資本主義發達途上，日本經濟社會之需要。

明治時代之法律學，所謂國權主義，而採取不同之思想立場者，爲故梅博士。梅博士爲求其法律本質於成文法以上之「法性」之自然法論者，其次爲故穗積陳重博士。穗積博士受英國歷史法學派之影響，尤其是受門恩（Maine）之影響，比之謂爲致力於法律之歷史研究，寧謂爲致力於社會學之研究，蓋在「法律卽社會力」命題之下，而試行其法理學之研究也。其最後之工作，爲「法律進化論」之三卷，可惜尚未完成而已逝世。

響應明治末年至大正初年，日本民主主義與社會主義思想之勃興，法律學方面，亦已採其新方向。其先驅者爲牧野博士。博士始則在刑法領域，受意大利學派之影響，排斥道義責任論，採取社會責任論，而主張所謂目的主義之刑法理論，此乃以社會功利主義之目的爲中心思想者也。惟其主觀主義，則與人格主義之道德思想，有一致之傾向。及後博士關於民法之解釋，努力於自由法論之介紹，謂從來所有權之絕對與契約自由之原則，不可不依社會之理由而加以限制，已促起一般民法學者之覺醒。現在之穗積重遠博士，與末弘博士，在其傾向於社會法學之一點，則近於牧野博士。惟末弘博士，欲將法律學付其方針於社會科學，則與牧野博士自由法論之態度稍異其傾向。

總明治之一代，法律學已頗發達，惟法理學之成立，則其程度尚有可疑。此則一方或爲受歐洲實證主義之傾向所支配，他方或爲以其謂爲日本國民之哲學的，毋寧謂爲日本國民之現實的實際的之故，亦未可知。穗積陳重博士雖曾擔任長期之法理學講席，然謂彼爲一法理學者，亦寧爲一法律社會學者。蓋總明治大正兩代之時期，成爲一種法理學之文獻，而放一異彩者，僅有筧博士之「佛教哲理」與「古神道大義」。至大正時代，德國法理學之復活，日本亦大受影響。尤其傾向於新康德派法理學之青年學者，有相當之人數。惟此亦無多大之成績，且對於以方法論爲中心之形式議論，抱反感思想之學者，爲數似亦不少。

最後，則對於日本之社會主義運動，恐須略置一言。明治大正時代，日本產業之發達，已染有濃厚之資本主義色彩。同時在反對方面，亦已具備有使社會主義勃興之社會條件。對於世界大戰後之社會運動，本節可無序述之必要。卽最近立足於唯物史觀之社會科學，爲一般青年學子所異常歡迎者，亦不可視爲僅屬一時之流行趨勢。蓋從勞働者之階級自覺，與夫進於組織化之事實，已不得不增加其社會上與政治上之重要。固然，傳統的統一國家之思想，有其强固之根底，其所代表之國民利益，恐不易容許國際社會主義之實現。然要求强力社會統治之社會主義之思想，是否亦與日本固有之國家思想，不能相容，亦未可知。著者現因僅作歷史之序述，故無施何等價判斷之必要。不過僅就事實之可能性上，預測日本之社會主義，今後尙將繼續發展，其時，則不可不再看社會主義法律思想之發展也。

參考文獻

（僅擧其主要者）

穗積陳重　法律進化論　三册（大正一三年——昭和二年）
穗積陳重　祭祀及禮と法律（昭和三年）
筧　克彥　法理學第一卷佛教哲學（明治四四年）
筧　克彥　法理學第二卷西洋哲學（大正九年）
牧野英一　刑法と社會思潮（大正五年）
牧野英一　現代の文化と法律（大正七年）
福田德三　日本經濟史論　全集第三卷（大正一四年）
朝永三十郎　近世に於ける「我」の自覺史（大正一〇年）
和辻哲郎　日本古代文化（大正九年）
平泉　澄　中世に於ける社寺と社會との關係（大正一五年）

本庄榮治郎　日本社會史（大正一三年）
高楠順次郎及木村泰賢　印度哲學宗教史（大正一三年）
宇野哲人　支那哲學史講話（大正一三年）
補永茂助　日本倫理思想の系統（大正一一年）
井上哲次郎　日本古學派の哲學（大正一〇年）
中田　薫　法制史論集　第一卷（大正一五年）
三浦周行　法制史の研究（大正八年）
三浦周行　續法制史の研究（大正一四年）
東川德治　支那法制史研究（大正一三年）
遊佐慶夫　ハムラビ法典の研究　早稲田法學第一卷（大正一一年）
入江俊郎　エース・プレートリウムの研究（大正一五年）
イエリング・井上忻怡譯　歐洲民族文化史（大正八年）

末川　博　ソヴィエト・ロシアの民法と勞働法（大正十五年）

Kohler, Allgemeine Rechtsgeschichte (1914).

Kohler, Rechtsphilosophie und Universalrechtsgeschichte (1915).

Berolzheimer, Die Kulturstufen der Rechts-und Wirtschaftsphilosophie (1905).

Jhering, Geist des römischen Rechts, 4 Bde (1878–1888).

Montesquieu, De l'ésprit des lois, 2 vols. (éd. 1922).

Wunddt, Elemente der Völkerpsychologie (1913).

Kurt Sternberg, Die politischen Theorien in ihrer geschichtlichen Entwicklung (1922).

Main, Ancient Law (ed. 1924)

Kocoureck and Wigmore (ed. by), Primitive and Ancient Legal Institutions (1915).

Dunning, A History of Political Theories, 3 vols. (1902–1920).

Gide et Rist Histoire des doctrines économiques (1922).

敬啟

『民國專題史』叢書，乃民國時期出版的著名學者、專家在某一專題領域的學術成果。所收圖書絕大部分著作權已進入公有領域，但仍有極少圖書著作權還在保護期内，需按相關要求支付著作權人或繼承人報酬。因未能全部聯系到相關著作權人，請見到此説明者及時與河南人民出版社聯系。

聯系人 楊光
聯系電話 0371-65788063
2016年3月28日